한국베이비박스문인협회가 걸어온 길

낭송으로 감동의 시간을
선물해 주신 청명회 낭송가님들

다솔회원들 어떻게 알고 오셨
을까요? 함께해 주셔서 감사
합니다

함세린 시조시인님께 감사의
마음을 패로 전달하였습니다

진지한 모습으로 낭송의
시간을…

4집 결산 및 5집 준비를 위해
서로의 마음을 모아봅니다

제5회 베이비박스문인협회
정기회의

4집 출판기념회

조태승 목사님께서 아이들을
위한 축복기도를…

먼 길 왔는데 인증샷 이라도
남겨볼까요

4시집 2차 후원금
전달하기 위해 7월 첫 주
주사랑공동체 방문

출판기념회 후 만찬
모두들 애쓰셨습니다

언제나 즐거운 식사시간

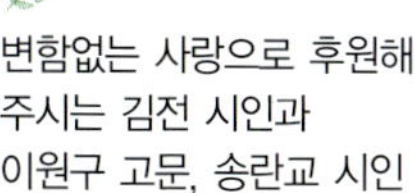

변함없는 사랑으로 후원해
주시는 김전 시인과
이원구 고문, 송란교 시인

베이비박스 입구에서

오늘은 어떤 사연이…
늘 가슴 졸이는 베이비박스

소문 듣고 찾아오는
이들이 많네요
방문객과 함께 공감 사연을

주사랑공동체에서
식사대접을 받았습니다

베이비박스 아이들을 위해
수고하시는
이종락 · 조태승 목사님

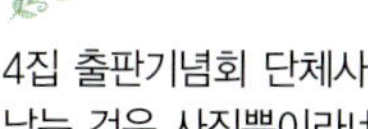

4집 출판기념회 단체사진
남는 것은 사진뿐이라네요

둘러앉아 베이비박스
아이들의 안타까운 사연을
나누었습니다

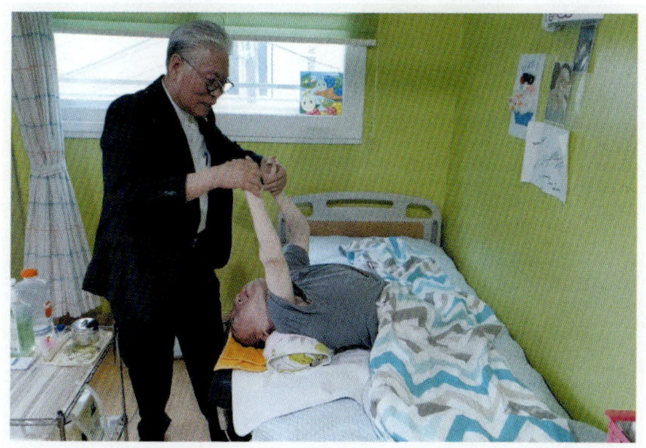

역시 아버지가 최고

축사하시는 이종락 목사님,
서평 및 격려사 김전 시인님,
격려해 주시는 최병영 수필가님

낭송의 시간
함세린 시인
최정호 시인
김현희 시인
권희건 시인

베이비박스에 희망을 싣고

- 제5집 -

한국베이비박스문인협회

김동광 김장미 김정오 도현미 문문자
서수정 선지현 손장순 신현각 우현식
윤봉덕 이미선 이원구 장봉균 장선호
정범식 정이란 최정호

베이비 박스에 희망을 싣고

– 제5집

한국베이비박스문인협회

도서출판 천우

| 발 간 사 |

"생명을 살리는 일은 자격 있는 사람이 아닌 먼저 본 사람이 해야 한다"
이 말씀에 여러분들도 공감하십니까?
제5시집에도 변함없는 모습으로 동참해주셔서 감사드립니다.

시인이 되어 어려운 이웃을 위하여 글을 쓴다는 게 기쁜 일이지만
시집이 한 권씩 완성될 때마다 무언가 아쉬움이 남는 건 왜일까요?
국가의 도움을 받아야 할 아이들이 아직도 싸늘한 사회의 현실 속에서
울부짖는 소리가 시인들의 가슴에 들리기 때문이 아닐까 싶습니다.
베이비박스 시인들은 올해도 변함없이 아이들을 사랑하는 마음을 모아
제5시집으로 아이들이 행복한 세상이 오길 바라며 펜으로 호소합니다.

세상의 모든 아이들이 사랑받으며 행복을 누리는 세상
여기에 참여한 희망 시인들이 꿈꾸는 세상입니다
씨앗을 심듯 꾹꾹 눈물로 쓴 베이비박스 아이들을 위한 한 편의 시가
굽정한 삶의 여정 가운데 아름다운 모습으로 피어날 수 있기를
간절한 마음으로 소망해 봅니다.

4집 1220여 명이 2018년 10월 현재 1490명을 넘어서고 있습니다.
안타까운 현실 앞에 다시금 간절한 마음을 모아봅니다.

가파른 숨소리가 양심을 찔러대고
설움이 솟구쳐서 지천을 덮었어라
하늘에 박힌 사랑이 지쳐 울며 날리네.

—「말 못할 사연」 일부

베이비박스는 아이를 버리는 곳이 아니라
어린 생명을 살리는 희망의 상자이기에 모두가 마음을 모아
해결해야 할 사회적 아픔이며 정부의 적극적인 대처로 베이비박스가
하루속히 사라지고 아이들이 안전하게 출산이 이루어지도록
상정된 '비밀 출산법'이 조속히 처리되어 무책임한 부모들에게 경각심과
이에 상응한 책임을 묻는 사회가 되어야겠습니다.

여성들의 행복과 안전 아이들의 생명이 보장받는다면
베이비박스는 사라지리라 믿습니다.
생명은 하나님이 주신 축복입니다.

베이비박스를 후원하는 모든 분들과 연관된 많은 봉사자들
참여한 희망 시인들께 다시 한번 감사의 인사를 드립니다.
생명에 대한 책임과 존재의 가치들을 바르게 인식하여 이 땅에 태어난
생명들 모두가 축복의 삶을 누리는 날이 속히 오기를 소망합니다.

2018년 12월
한국베이비박스문인협회
대표 靑雨 장선호

“

시집 한 권 값이면,

천사들이 먹을 분유가 생깁니다.

이 시집을 구입하시면

행복바이러스에 전염됩니다.

”

베이비박스에
희망을 싣고

[제5집]

월광 김 동 광

- 인생
- 월광
- 영화 아무르
- 틀린 세상에 물음 하나
- 권태롭던 영어와 복잡한 수학 공식

- 충남 논산 출생
- 계간 『시세계』 시 부문 등단
- 『한국시조문학』 시조 부문 등단
- 문학세계문인회 회원
- 한국시조문학진흥회 회원
- 한국베이비박스문인협회 회원
- 논산신문 지국 경영
- 공저 『베이비박스에 희망을 싣고』(1, 2, 4집)

인생 외 4편

어쩌면
전당포에 맡겨진 촛대 같더라도
울먹임을 참아내야 하는 건지도 몰라

사는 게 이미 늙어버린 청춘일지라도
엄마를 잃어 무섭다 울며 걷는 어린아이 일 줄 몰라

미혹에 흔들리고
자괴감에 꿈을 잃고 돌아갈 고향마저 없는 거야

어쩌면
한 편의 시를 쓰려고 아파할 줄도 몰라
난 아직 발가벗은 나를 은유하질 못하네

틀린 세상에 물음 하나

반쯤 남았다 저 달이 지려면
고양이는 책을 읽어 눈이 빛나고
시계는 잠이 들었다

사라지지 않는 향기는 저녁 어느 산으로 가버렸다
벌통 숲을 지나면 따갑지 않지만 따라오는 아픔이 있다
화끈함과 동시에 수모감
절대 부족을 부인할 필요가 없었다

버린 피자를 먹지만 도둑질은 안 했다고 자위했다
핑계였지만 거짓은 없었다

몇 시간씩 꿈을 그리곤 했다
허허한 추상화
난 나만의 부호를 세상에 보였지만 번번이 무시를 당했다
나란히 정렬한 인간들을 혐오하지 않았다
젖은 땅들은 침묵을 당연시했지만 비난하지 않았다

큰 새 한 마리가 검은 하늘을 날 때
가르릉가르릉 소리를 냈다
두려움에 움찔했지만 딸애가 타고 가는 비행기랑 같다고 했다

밤은 시계를 천천히 돌리지만 늘 빠른 별똥별은 지난다
소원은 말하는 게 아니라고 믿었다
동틀 무렵
세상은 두려움의 아름다움을 뭉크가 실토를 했다
경의와 수수께끼
고양이가 사라졌다

월광

서점에 가서 시제를 보듯 겉표지를 훑는데
오래전부터 팔리지 않던 시집 한 권을 사고
은유의 정석이란 책을 집었다

시인과 활자들이 대화를 하면 물이 흐른다
생성하는 모든 것 내가 가진 오감으론 부족한 은유의 세계
몇 날을 길 위에 신음을 하고 한 줄 비유를 썼다

시시하던 생이 무언가를 적으면 앓듯이 저문 이력
누군가가 써왔던 은유의 나무를 쓰러트리고
파지로 팔아버린 정석의 은유들 결코 시시하지 않았다던 생들

한 달 두 편을 쓴다는 것도 많다던 내 사사로운 흔적들
글라스로 마신 취기 같은 독백들
부끄러움은 내 이력이 아닌 처절함이 없는 찢은 종이가 없는 가벼운
모독감을 뒤집어쓰고 몇 날을 버터야 한 줄 시어를 찾을까

스스로 약속을 파기한 주말 낙인찍힌 상처가 아프다
갇힌 틀 속에 비가 내리고 몇 페이지 읽은 시집을 접고

가식의 내 글들을 지운다
처참함과 처절함이 대차를 그은 하루
날 은유하지 못하는데 이 무슨 생뚱맞은 글인가

권태롭던 영어와 복잡한 수학 공식

광풍처럼 데모 열기가 불 때
몇 놈 불러다 경고를 줬다

막걸리 한 주전자에 시시 낙낙 10월의 가을이 최루탄에 물들고

충대에 탱크가 서 있다
저것 타고 동학사 가고 싶었다
계엄이 내린 한산한 시내

군인들은 멋진 놈들이다
담배를 물고
한 세대가 그렇게 지나쳤다

시인을 아시나요
생뚱맞는 계절에 흘러간 노래만 불렀다
낯설은 여인들

향불 피우고 밥 한 그릇
절 두 번 반에 흘린 눈물을 훔쳤다
침묵의 시간처럼 짧았으면 쓸 수 없는 시

영화 아무르

멀지 않을 것 같은 미래
기차는 남쪽으로 달린다
사랑이라는 주제의 결말 누가 정의할까

내면의 이상과 부정할 수 없는 현실
창밖으로 먹구름과 파란 하늘이 조그맣게 보인다
산머리에 진풍경 구름이 걸려있는

지루한 시간은 곧 끝날 것이다
스치는 풍경처럼 어느 낯선 곳에서 하루 며칠을 보내도
가족은 내 마지막 보루인 것을

문득
자작나무 숲이 스친다
말하지 않은 비밀의 상처
낮게 깔린 구름 밑으로 기차가 간다
믿거나 말거나 난 사랑했다
그 누군가를
시인도 예술가도 아닌 마음속 창녀

시간 지나 알았다

김 장 미

작품

- 리셋
- 남편 나무
- 고요
- 미련하거나 지독하거나
- 강남 대박집보다 비싼 자릿세지만 부럽지 않습니다
- 별후광음(別後光陰)

프로필

- 경북 영천 출생
- 월간 『문학세계』 시 부문 등단(2016년)
- 문학세계문인회 정회원
- 한국베이비박스문인협회 회원
- 시집 『사랑은 말도 없이 눈물이 되어』
- 공저 『베이비박스에 희망을 싣고』(3, 4집)

리셋 외 5편

— 낡은 구두 이야기

쉴 새 없이 총총거린 더운 발자욱들이 쌓인 만큼
마모된 삶들이 각질처럼 굳어갑니다
손길이 닿을 때마다 작은 숨소리는
광활한 우주로 은하수를 넘어 비행을 합니다
지구의 갈라진 틈사이로 흘러나오는
위안의 목소리 괜찮아! 괜찮아! 다 잘 될 거야!
분화구에서 한없이 터져 나오는 새 희망의 메커니즘
지구별 소환 문래역 2번 출구 당찬 발걸음이 왈츠입니다

남편 나무

가지고 싶은 것을 눈치라도 채는 날엔
그저 내 손에 꼭 쥐여주고 싶다 합니다
신이 나서 아이처럼 좋아하는 그 모습이 좋아서

힘이 겨워 지친 날이면
그저 말없이 꼭 안아주고 싶다 합니다
안쓰러워하는 그 마음이 애틋해서

찬 바람이라도 부는 날이면 감기 걸릴까
걱정부터 앞서 당부를 한다 합니다
당신 몸보다 내 몸이 소중하다면서

당신보다 더 귀한 사람이
사랑하는 나이기 때문이라 합니다
당신보다 더 아껴야 하는 사람이
사랑하는 나이기 때문이라 합니다
그러하답니다
사랑하기 때문에

고요

소리 없는 파동이 밤을 깨우고 불을 밝힌다 술렁이던 하늘은
하나둘 초롱한 눈망울로 깜박거리고 졸고 있던 가로등 궁금증에 바짝 긴장을 하였으나
아무런 일도 일어나지 않고
머릿속만 까맣게 점멸 중이다

미련하거나 지독하거나

블랙홀은 가만히 있질 못했다 쉴 새 없이 달팽이관을
두들기며 문을 열어 달라고 재촉했다
거세지는 압력이 밀물처럼 들이쳤다
비상사태다! 백색경보다! 정신 차려야 한다!
심장이 뜨겁게 끓어오르기 시작했다
자욱한 수증기 속 헤매이는 시선이 두려움에 떨고 있다
앞으로 세 걸음 인지 뒤로 두 걸음 인지
알려 달라고 괴성을 질렀지만 목구멍에선 바람 빠진
쇳소리만 꺽꺽 목울음 울고 있다

강남 대박집보다 비싼 자릿세지만 부럽지 않습니다

손에 쥔 것이 명품 백이 아니지만 부럽지 않습니다
지친 다리 뉘어놓고 부채라도 부쳐줄 수 있는 낡은 평상이라도
이태리 가죽 소파가 부럽지 않습니다
세상 어디에도 없을 내 자리 위안이 되는 이 자리
강남 대박집보다 비싸지만 부럽지 않습니다
고운 햇살이 웃어 줍니다 나도 따라 웃습니다
엄마라서 그저 행복합니다

별후광음(別後光陰)

— 이별한 시간 동안

별빛 되어 흐르던 눈물이
빈약한 가슴에 차오르고
아픔은 쌓이고 쌓여
별을 만들어 내고
비우고 채우기를
수십 번 수백 번 아니 수만 번
되새김질하는 달

이미 비워진 것을
이미 눈물이 된 것을

별후광음(別後光陰)
느낀들 무엇하리
후회한들 무엇하리
부질없는 푸념 어찌하리
쓸쓸한 그림자
가로등에 걸터앉아
홀로 애태우네

김 정 오

작품

- 가을이 좋아
- 어깨
- 달팽이 걸음
- 생각에 빠지다
- 별바다
- 초심
- 비 그리움

프로필

- 계간 『시세계』 시 부문 등단(2015년)
- 월간 『문학세계』 동시 부문 등단(2015년)
- 제13회 시세계문학상 시 부문 본상 수상
- 제12회 김장생문학상 시조 부문 수상
- 대한교육신문 문학상 동시 부문 대상 수상(2018년)
- 한양문인회 정회원
- 한국베이비박스문인협회 회원
- 시소놀이터 동인
- 공저 『베이비박스에 희망을 싣고』 (2, 3, 4집)
  『한국을 빛낸 문인』(2015년)

가을이 좋아 외 6편

높은 하늘이 좋아
하얀 구름이 좋아

꼬리치는 강아지풀
바람 닮은 코스모스
하늘하늘 물잠자리
주렁주렁 대추나무

토독토독 알밤 소리
사각사각 낙엽 소리
주룩주룩 가을비
춤을 추는 갈대밭

온통 설렘 가득한
널 닮은 가을이 좋아

별바다

졸졸 소리 나는 물가에
누워본다

한낮의 출렁이는 물결처럼
별빛이 출렁인다

반짝이는 어둠의 조각들은
저마다 밤을 노래한다

검은 바람이 흐른다
검은 구름이 떠간다

새까만 밤이 되면
하늘은 바다가 된다

어깨

뒷모습만 보아도
아무 말 하지 않아도
내려앉은 어깨를 보니
아마도 고된 날이었나 봅니다

기분이 좋을 때는
절로 어깨춤을 추고
자랑하고픈 일이 있으면
뒤로 젖히고 걷고
소리 내지 못할 아픔에는
한없이 움츠러드는
또 다른 당신의 모습

토닥토닥 내 작은 마음
위로가 된다면 좋겠습니다
나로 인해 웃는
당신이면 좋겠습니다

초심

처음처럼
가슴 떨린 순간은 없다

더디게 흐른 시간의 굴레에서
무뎌져 가는 망각의 둘레

작은 바람의 떨림에도
가누지 못한 여린 마음

문득
언젠가 걸었던 익숙한 길 위에
버려진 마음 한 조각 찾아내고서

퍼즐 조각을 맞추듯
지난날을 돌아본다

처음처럼
처음 마음으로
다시 설렘은 시작되고

나의 길을 걷는다

무심한 발자국
터벅터벅 뒤따른다

달팽이 걸음

조금 느려도 괜찮아

방긋 웃는 꽃구경도 하고
소근거리는 햇살에 일광욕을 하고
흐르는 땀을 식혀주는 바람도 만나고
나를 둘러싼 모든 아름다움을
눈에 가득 담고 온몸으로 느끼며
한 걸음 한 걸음씩

가끔은
사나운 빗줄기를 피해
나뭇잎 아래로 피해도 보고
커다란 나무에 가로막혀
한참을 돌아가기도 할 테지만
작은 웅덩이에 고인 물에
쌓인 먼지도 털어내면서
한 걸음 한 걸음씩

너에게 가는 그 길
쉼 없이 달려가고 있어

기다려
조금 느려도 괜찮은 거지

비 그리움

회색 하늘 아래를 걷는다
울음을 터트릴 듯한 구름 떼 흐른다

비 오는 날이면
더 짙어지는 흘러간 기억들
아침부터 비 노래를
자꾸만 흥얼거린다

잔잔한 빗소리 같은 사람
은은한 커피 향 같은 사람
따스한 노래 불러줄 사람
나란히 우산 쓰고 걸을 사람

비 오는 오늘
그런 사람이 그립다
그 사람이 보고 싶다

생각에 빠지다

흐린 하늘 아래
문득 떠오른 오랜 기억 하나
웃고 있는 나를 본다

활짝 핀 꽃 송이에
바람에 흔들리는 나뭇잎에
창문을 타고 내리는 빗줄기에

사소한 일상들이
마냥 좋았던 시절이 내게 있었다

어른이 무엇인지
어떻게 어른이 되는 건지
어떤 어른이 되어야 하는지
막연한 기대는 세월을 삼키고

어떤 날은 활짝 핀 꽃을 보며
떨어지는 나뭇잎을 보며
주루륵 흩어지는 빗방울을 보며
눈시울이 붉어지는 나를 본다

어른이 되어간다는 건
내가 웃음보다는 눈물에
익숙해가는 것

가끔은 삭막해진 내 여린 감성이
낯설기도 하지만
나는 이미 어른이 되어버렸다

天幸 도 현 미

작품

- 애련(愛戀)
- 표정
- 추억할 자유
- 낙엽이 단풍에게
- 보고 싶다

프로필

- 전북 김제 출생
- 한국문인협회 회원
- 한국베이비박스문인협회 회원
- 그루터기에 앉아 쉬는 바람 동인
- 공저 『베이비박스에 희망을 싣고』(1, 3집)
  『형천(한국문인협회 무주지부)』(24호)
- 동인지 『꿈에 날개를 달자』

애련(愛戀) 외 4편

마루가 노을로 얼굴 붉히면
아라도 덩달아 붉게 물들고
마루가 화려한 햇살로 치장하면
아라는 찬란한 물비늘로 답하고

폭군 구름 드리워 사이 가르면
너울춤으로 목 놓아 울어대고
열구름 지고 벗갠 후 으스름달
윤슬이 서럽게 반짝이며 바라보고

토라져 매지구름 좌악 펼치면
자욱한 해미로 응수하고
서러워 눈물 쏟아내면
묵묵히 받아주며 몸으로 울고

높고 깊은 마음 너른 가슴 닮은 둘
헤아릴 수 없는 훼방꾼들과
닿고 싶으나 먼 거리에
그저 멀리서 마주 보며 키우는 사랑

그리움 키우고 맘만 키우다
수평선에 닿으면 만나질까
커지는 마음만큼 내달리지만
얼마를 달려야 만나 어우러질까

낙엽이 단풍에게

쉬이 물들지 말자
독야청청할 수 없어 물들지언정
동색으로 묻히듯 물들지 말자

곱게 고르게 물들지 말자
아파 멍들고 다쳐 생채기 나고
얼룩덜룩 아롱지게 물들어가자

표정

서글픈 맘 울고 있는데
거울은 웃는다
온통 기쁜 맘 웃고 있는데
거울은 운다

아무 일 없어 무심히 보면
거울도 그렇다
무심할 때만 곧이곧대로
마음과 달리 비추는 거울

그렇게 비추는 거울 탓인가
그렇게 바라보는 마음탓인가

보고 싶다

떠올려 보려 기억해 보려
애쓰고 쥐어짜도 희미하기만 해
떠올리려 할수록 아지랑이 속
찡한 마음 울컥울컥

너무 아파 맘껏 그리워할 수 없고
양껏 미워하고픈데 그마저도 안되고
왈칵 울음 쏟아내고픈데 속으로만

오전 내리 배반스런 화창한 날
검은 구름 몰고 와 쏟아지는 비
마음 섞어 같이 울어 보는데
시원스레 쏟지 못해 남은 앙금

날씨마저 조울증인지
내 맘과 동병상련인가
억지 춘향으로 동일시

눈가 이슬은 마르는데
마음엔 폭포수 눈물
넘칠까 꾹꾹 눌러 담는데
깨어질까 조마조마

만지고픈 안고 싶은
보고 싶은 얼굴 부르고픈 이름
목이 메고 가슴 후비는 아픈 그 이름

추억할 자유

활활 불살랐던 맘
보상받을 길 없어
잊는 게 낫겠다 싶어
송두리째 지웠는데

흔적 없이 지워진 건
아낌없이 쏟아부은 내 마음
다 지웠다 믿었는데
선명하게 살아나는 네 모습

문문자

작품

- 고구마
- 붉은 토마토
- 촌년
- 코스모스
- 별 의미
- 별 아기

프로필

- 경북 김천 출생
- 계간 『시세계』 등단(2015년)
- 독도문학상 대상 수상(2017년)
- 한국베이비박스문인협회 회원
- 한국화장품(대구 신천지사) 운영
- 시집 『지슴들도 사랑하면 연리지가 될거야』
- 공저 『베이비박스에 희망을 싣고』(2, 3집)

고구마 외 5편

1.
겨울을 덮고 있는 늦잠의 대지에
냄새 고약한 계분을 씌우며
어머니처럼 잠을 깨운다

붉은 땅과 거름을 한 몸 위해
늙은 경운기를 부추기고 달래며
천지라도 뒤엎을 듯 로터리를 하고
곧게, 아니 비뚤거리며
고구마란 한 생의 골을 만든다

살아온 길이 그렇듯
골 또한 구부렁하다
다시 탈 수 없는 골이기에
몇 번이고 곧은 직진을 다짐해도
인생보다 어려운 골 타기라고 한다

후회 없이 살아온 길
굽은 골을 괭이로 손질하듯
지난 인생길도 손질할 수 있다면
헛웃음을 위로하듯
석양을 가르는 아지랑이로
마을 머리엔 저녁 향기가 피어난다

2.
김천의 황금 시장은
풀 냄새 시골 냄새
북적이는 사투리 향기가 가득하다
어마어마하던 황금 시장
시장도 나이 들어 쪼그라들었는지
열두 살 소녀가 쉰이 되었는지

녹색의 눈빛으로 애원하는
하얀 노파들 사이에서
700포기 고구마를 데려온다
고구마가 나오면
언니도 주고 친구도 주고
멀리 있는 아들에게도 부쳐주고
벌써 고구마를 캐러 간다

잡초랑 같이 살 순 없다
힘이 들 땐 시련들에 무서워 떨며
누가 우산이 되어 주길
누가 안식처가 되어 주길 바랐듯
비닐을 씌우고 구멍을 뚫어
고구마가 살아갈 집을 짓는다

부러질 듯 애처로운 줄기를
하나하나 집을 찾아주고
촉촉이 목을 적시어 주며
부드러운 이불로 토닥이고
자식의 무탈을 기원하는 어머니 마음은
온 밭 가득 푸르게 물들인다

3.
무심한 하늘에 원망을 쏜다
젖 마른 노모에 가슴 잡고 통곡한들
하늘은 비 대신 무서운 빛만 쏜다
대자연 앞에 나약한 어린애는
울어 본들 젖 나올 리 없고
시들은 줄기 타는 목마름에
농심은 하루하루 죽어만 간다

오르막을 오른 이는
내리막을 달릴 수 있으리라
긴 가뭄을 이겨낸 이는
빗줄기를 맞으며 노래할 자격이 있다
힘들게 견뎌준 고구마의 줄기들은

힘든 시간 잘 이겨내 준 아들처럼
대견하고 고마운 마음에
단비는 눈물 타고 가슴까지 적신다

늦은 비에 줄기는 밀림을 이룬다
화려하게 치장한 사람들도
속은 빈 깡통처럼 부실할 수 있듯
줄기 왕성한 고구마는
뿌리엔 그 영광을 나누지 않고
반비례의 법칙을 가르친다
우주 자연의 섭리는 참 공평하다

한 밭고랑을 차지한 넝쿨의 집단은
아낙네의 손길을 바쁘게 한다
살 오른 줄기 껍질 까고 삶아 무치면
고소한 유혹에 고구마는 잊은 채
하루 앞을 근심하며 사는 날을 비웃듯
소소한 행복에 감사히 살라 하는
입안 가득 달콤한 진리의 향기를 전한다

4.
잡초의 간섭과 방해를 막아 준
예전에 비닐이 이렇듯 든든했던가
나도 누군가에 든든한 지붕이런가
튼실한 고구마를 위해
살은 삭아 녹아나고 이름 없이 버려져도
육신은 고장이 나고 숨이 차올라와도
나의 일생이 그럼에도 후회 없듯
한낱 비닐 또한 또 더할 나위 있을까

첫사랑만 설레는 게 아니다
볼록한 골에 숨은 보물이 보고 싶다
호미질이 무섭다
행여 다칠까 상하기라도 할까
더듬듯 이불을 걷어내면
자줏빛 아기들이 고개를 내민다
가을 햇살이 윤기를 바르고
파르르 어머니의 힘겨운 손길은
땀 길이 놓은 눈물 타고 어루만진다

예전보다 수확이 적어도
예전보다 크질 않아도

잘난 자식 못난 자식
전부 업고 왔던 세월인데…

한 알 한 알 차곡히 보석 상자를 만든다
친지에게 친구에게 이웃에게
딸아이 시집보내듯 고구마는
정성 어린 사랑이다
간절한 어머니 눈물이다
단단한 가족의 끈이다
내년엔 더 많은 고구마를 심어야지

코스모스

키 작은 말라깽이로
태양을 태우는 불 밭을 견디고
한 아름의 고목을 넘기고 웃는
몹쓸 폭풍우도 피해 섰다

가녀리고 청초한 맵시
젊음엔 날씬함이 좋더라만
내 나이 가을이 되고 보니
이제는 건강한 모습이 더 좋더라

그럼에도,
하늘하늘 초록 치마를 입고
쉬지 않는 웨이브의 유혹에
발길은 잡혀 시선을 돌리지 못한다

갓 스물이 된 순수의 처녀같이
수줍어 고개 숙인 부끄러운 모습에
가을의 나이로 입김을 불면
살며시 얼굴을 들어 미소를 짓는다

빨간 얼굴
하얀 얼굴

분홍빛 상기된 얼굴

거친 여름의 숨소리를 그새 잊은 듯
스산한 바람의 농담에도
금세 웃고 마는
참 순수한 소녀의 감성을 지녔다

서로의 자태를 뽐내며
날씬한 몸으로 부비부비
질투도 시기도 아름답기만 하다

가을이 가고 세월이 가면
내 모습 주름은 더욱더 피겠지만
활짝 웃는 네 모습 네 빛깔은
사라질까 못내 아쉽다

세상에 영원히 있을까…

한껏 아름다움을 피우던
가을의 추억과
겁 없이 세상을 달리던
내 청춘의 일기장뿐…

붉은 토마토

새싹 위에 이슬처럼 내려앉아
단지, 생명의 이유로 울음을 터트렸다

반백 년 셀 수 없는 하 많은 시간 속에
꽃이 피면 울고 싶고
낙엽 지면 울고 싶어
눈물샘 마를 겨를이 없던 길

외로운 날갯짓 사랑이 차곡히 쌓여
넘치듯 전해오는 따뜻한 시선에
북받치는 가슴으로 울고 말았던
한없는 감사의 눈물들이
비가 되고 눈이 되어 마른 줄 알았는데

눈가엔 주책없는 이슬방울이
어느새 붉은 토마토를 안고 있다

하루를 선물로 모자이크하고
축하의 전화와 메시지는
한여름 빛줄기보다 뜨겁게
심곡을 두드려 밝히는 촛불이 된다

여정의 시간에 그림자로 서리라
꽃이 피면 나비가 되고
눈보라 치면 나무가 되리라

향기로운 햇살 가득한
낙원으로의 동행을 꿈꾸며.

별 의미

구름이 석양을 그리면
빛을 잉태한 푸른 하늘은
어둠을 찾아 별을 낳는다

밤하늘 닿는 산골 들마루에 누워
나이 든 소녀는 졸음마저 잊었다

별 이름을 짓다 지쳐 잠이 들면
긴 꼬리 유성은 소망을 담아
열세 살 가슴속을 떠다닌다

어둠, 그 속의 나의 별
단지, 의미 없는 하나의 점일 뿐

안아 줄 수 없는
손잡을 수 없는 의미는
별도 꽃도 사랑도 아닌 것을

아침 햇살에 빛을 잃고
구름에 숨어 어둠으로 떠나는
비겁함은 영원히 아니다

찬란한 무지개로 돌아오라
밝은 태양으로 그림자를 지우라
나 볼 수 없는 그곳에서

그의 의미는
별을 찾던 보헤미안의 안식처와
별을 빛나게 하는 어둠이라네
나의 의미는
그저, 그 속을 떠날 수 없음이니

촌년

태양의 길을 걸어왔다
몸이 벌겋게 타올라
마음이 녹아내리며
육신은 흐느적흐느적
하루에 지친 수양버들이다

아침에 머금은 이슬은 마르고
목젖은 새 술을 갈구한다
먹어야 살겠거니 그래서 사는 것이라
본능은 엄마 같은 밥솥의 품을 헤쳐본다
하얀 속내에 반해 금세 이성은 잊고
이것저것 챙길 겨를이 없다
그냥 금방 맺어 친구같이
발그레 상기된 김치 너이면 충분하다

잠시 지나간 폭풍의 자리에
흐뭇한 미소는 행복이다
얼마나 먹으려고
얼마나 가지려고
또 얼마나 살아보려고…

배춧내 풍기는 김치 한 조각에
넉넉한 나는 촌년이다
태양에 쫓기며 하루 내 헐떡이다
그늘에 숨어 금세 웃고 마는
난 참 촌년이다

별 아기

무서운 밤하늘을 떠돌다
마른 가슴에 내려앉아
가장 큰 의미의 점을 놓았다

안을 수 없는 외로운 빛으로
꺾이지 않는 꽃숲을 지나
그림자로 왔다

무엇이든 희망하며 가슴을 두드려라
어떤 의미든 내 안을 채워라
빛이 없는 어둠에도 그림자는 선명하다

힘없는 날갯짓은 바람에 날리어도
갈 곳을 잃어 구름 따라 울먹여도
가장 밝은 빛으로 토닥인다

세상을 안아주는 태양이 되리라
언제나 자그맣게 빛을 잃지 않는
별 아기의 어미가 되리라

鴻顔 서 수 정

- 채송화
- 햇살
- 가을은
- 나는 딸구예요
- 꽃노을
- 백일의 사랑
- 임경대 노을

- 한국문인협회 회원
- 부산문인협회 회원
- 한국예인문학 기획국장
- 부산문학아카데미 회원
- 부산여류시인협회 회원
- 한국베이비박스문인협회 회원
- 밀양문학회 회원
- 대한문인협회 회원

채송화 외 6편

해마다 여름이면
장독대 옆 돌 틈새에
꽃을 피우는 너

백 년 만의 가뭄이라는데
저 홀로 꽃피우고 씨를 맺어
훗날을 준비하는 너

소녀의
꿈이었을까
첫사랑이었을까

꽃노을

우르릉 쾅쾅
하늘이 요란하더니
세상이 검은 장막에 둘러쳐졌다

세차게 쏟아지는 빗줄기
불화로 같던 여름을
시원스럽게 씻어내 준다

한차례 바람이 불고 비가 그쳤다
검은 장막이 소리 없이 갈라지고
그 사이로 예쁜 꽃노을이 흐른다

햇살

그대 환한 미소
창문을 타고 들어와
내 머리를 쓰다듬네요

낯빛이 발개지는 나는
부끄러워 어찌할 줄 몰라
커튼 뒤로 숨어버립니다

그러면 그대는
한 발 뒤로 서서
창문이 열리길 기다리지요

언제나 변함없는 마음으로
언제나 변함없는 미소로
언제나 변함없는 사랑으로

백일의 사랑

언제쯤 오시려나
나의 낭군님
기별이라도 주신다면
기다리는 마음 기쁠 터인데
서러움에 울어도 보고
하늘 높이 손짓을 해 보아도
임은 오시지 않고
서늘한 가을만 앞에 와 있네요
백일의 사랑도
백일의 기다림도
이젠 가을에게 내어주고
추억 하나
그리움 하나
또 쌓아야겠습니다

가을은

그리움이 빗물 되어 내리면
빗속으로 추억여행을 떠납니다

보슬비 내리는 거리에
우산 없이 걸어보기도 하고

코스모스 하늘거리는
시골길을 하염없이 걸어도 봅니다

해마다 추억과 함께 오지만
매번 다른 모습으로 찾아옵니다

보슬비처럼 오기도 하고
때론 태풍처럼 오기도 하고

하지만 올핸 산들바람과
촉촉한 보슬비로 찾아왔네요

그대를 추억하게 하고
사랑이 채워지는 가을입니다

임경대 노을

— 7월의 끝에 임경대에서

해 질 녘
임경대 가는 길에
땅속에서
일곱 번의 옥고를 겪어내고
나무에 오른 매미가
세상에 다녀간 흔적 남기려
쉼 없이 구애하는 소리가 들렸다

숲속을 지나
길이 멈춘 임경대 앞에는
끝없이 이어질 듯하던 폭염이
끈적끈적한 바람 사이로 불어와
붉은 노을로 서쪽 하늘을 물들이고
유유자적 흐르는 강을
펄펄 끓어오르게 한다

나는 딸구예요

"이모 이모"
"나 여기 있쩌요"
"딸구 여기 있쩌요"
손을 흔들며 애타는 효민이
이모는 그런 효민이가 귀여워
얼굴 가득 환한 미소

일하는 엄마 대신
이모와 함께 있는 시간이
효민이는 신이 난다
이모 앞에서 재롱을 떨고
어린이집에서 배운 동요를
목청껏 부른다

길에서 만난 아줌마에게는
"아줌마 이름이 뭐예요?"
하고 먼저 다가서는데
아줌마가 되려
"네 이름은 뭐니?"라고 묻자
효민이는
"나는 딸구예요" 큰 소리로 말한다

끊임없이 재잘거리는 효민이
잠을 자야 목이 쉴 수 있다

선 지 현

작품

- 아침 풍경
- 풀잎 향기
- 감사
- 청아한 소리
- 호수
- 선물
- 친구

프로필

- 세종시 조치원 출생.
- 계간 『시세계』 등단(2016년)
- 수안보 온천 시조문학상 신인상 수상(2017년)
- 문학세계문인회 정회원
- 한국베이비박스문인협회 정회원
- 한국시조문학진흥회 정회원
- 공저 『베이비박스에 희망을 싣고』(3, 4집) 『독도플래시몹』 『문학 어울림』 『문학의 향기(꽃잎에 시를 쓰다)』 『초록물결』(3집)

아침 풍경 외 6편

안개가 자욱한 새벽
아이들과 바쁜 하루 시작한다
나 필요로 하는 아이들 위해
힘을 낸다

작은아들 연중의 아침잠
요란히 흔들어 깨운다
형인 관중이는 일찍 일어나
욕실 점령해 앉아 있다

통학버스 놓치면 학교까지 걸어야 한다
풀꽃 이름 찾으며
옷이 없다고 늦장 부리는
작은아들 향하여 잔소리하는 싱크대 물소리

작은아들이
밥상머리 앉아, 무언가를 그렸다
자신의 머리에 새싹이 났단다
새싹을 내 머리에 붙이고
학교에 가는 촌극을 연출했다

아이의 순수한 눈빛에 끌렸다
폭언, 폭력이 난무하는 아침 거실
그 속에서 햇살이 길게 들어와 발자국을 찍는다

관중, 연중은 오늘도 꿈의 들판에서
좋은 하루 만들어 저녁 식탁에 꽃으로 얹겠지
잠깐의 고요에 미소가 마주 앉는다

호수

산자락 휘감은 듯
가을을 담은 거울
붉은색 산등성이
발목을 적시면서
하늘도 구름을 타고
내려오는 무지개

짙푸른 바람 따라
달빛도 내려오면
비로소 하나 되어
내 안에 뜨는 신앙
화등을 붉히는 자리
출렁이듯 꽃 핀다

풀잎 향기

오월의 하늘과 초록으로
변해가는 나뭇잎들의
속삭임이 들리나요

길을 가다 가로수 나무를
한번 쳐다보세요
마음과 눈이 맑아져요

풀잎의 향기도
나뭇잎의 향기도 느껴보세요
몸과 마음이 가벼워져요

선물

좋은 생각으로 열어보는
상쾌한 아침

소중한 오늘도 선물
내일은 희망

무엇이 들어 있는지
모르는 선물 상자처럼
알 수 없기에

인생은 하루하루
선물을 받는 삶인지도 모릅니다

감사

감사가 있는 곳에는
인정 웃음 기쁨
넉넉함이 있습니다

힘들어 참고했던
일들이 쌓이면 실력이 됩니다
버릇처럼 하는 일에
젖어 들면 최고가 됩니다

노력하고 인내하는
삶은 언젠가는
꽃을 피워내게 됩니다

친구

정겨운 마음 주고받으며
아름다운 기억으로
남고 싶은 친구

살다 보면 삶의 순간마다
기억 남는 그런 친구로
살아가고 싶습니다

시간과 함께 흘러가면
되돌아오지 않는 우리
사랑의 정 주고받으며
아름다운 삶 살아가요

청아한 소리

회색빛 구름이
하늘에 해님을 안아버렸다

산은
은은한 청록의 향기로
짙어가고

부지런한 새들의
노랫소리는
청아하고 구성지다

손 장 순

작품

- 꽃
- 설렘
- 마음 단풍
- 천사의 미소
- 보랏빛 국화
- 삶

프로필

- 전북 무주 출생
- 계간 『시세계』 시 부문 등단(2016년)
- 문학세계 문화예술공로상 수상
- 한국베이비박스문인협회 회원
- 문학세계문인회 정회원
- 그루터기에 앉아 쉬는 바람 동인
- 살 사랑 나누기 동인리더
- 시와 달빛동인회 회원
- 공저 『베이비박스에 희망을 싣고』 (2, 3, 4집)
  『말(言)들이 수행하는 절간(寺)』
  『한국을 빛낸 문인』(2016년)
  『하늘비 산방』(7호) 『푸르름 한 올 그리다』(2집)

꽃 외 5편

화려한 꽃잎에
날아든 인연은
영원한 꿈이었다

향기로운 내음에
오늘은 시들 줄 모르고
화려한 춤사위에
구멍 난 시간들은
허공에 흩날린다

쏟아지는 빗줄기
어둠을 타고
꽃잎에 나리면
향기마저 젖어 흩어지는
화려한 추락

시간의 틈새에 낀
인연은 스러지고
못 다운 남은 눈물만
추락한 향기에 앉아
내일을 노래한다

천사의 미소

쇳덩이의 싸늘한 품은
구멍 난 모성에 찾아들고
잃어버린 탯줄은
쓰레기통에 처박혀도
꿈을 꾸듯
아이는 웃는다

화장실 바닥에 뒹구는 모성
이불에 쌓여
철장에 버려지고
쓰레기통에 버려진 모성은
눈물 없는 죄책감 대신
'그래도…' 라는
합리성을 쇳덩이 박스에 봉인한다

베이비박스에서
다시 태어난 여린 생명 하나
어미의 젖가슴 대신
싸늘히 식은 우유병에 허기를 달래고
버려진 어미의 향기에

어미를 꿈꾸며
환하게 웃는다

베이비박스에
천사의 미소가 가득하다

설렘

들리나요
지금 가슴에서
방망이질하고 있어요
보이나요
당신을 바라보는
눈빛에 젖은
간절한 사랑이
당신과 마주하면
심장이 멎는 것 같아요
사랑하고 있나 봐요

가을의 낙엽 사이에서
태어난 설렘
눈보라 치는 겨울에도
향기 가득 품은
꽃으로
당신의 가슴에서
영원히 피어 있을래요

가슴이 콩닥거려요
심장이 멎을 것 같아요
내 마지막 사랑이
시작되고 있어요

보랏빛 국화

타향에서 수십 년이면
고향이련만
이방인의 이름을 달고
귀향 사는
네 이름은 숙근아스터

은은한 향기
시월 하늘에 토해내고
맑다 못해 시린
타향살이의 외로움

화려하게 피어나는
이국의 꽃은
고향으로 뿌리 내리 건만
외면당한 향기는
영원한 이방인 되어
구석진 정원에
보랏빛 꽃 무덤을 만든다

시월의 푸른 하늘은
고향의 하늘이련만
차가운 시선은
서리 내린 시린 겨울이다

마음 단풍

붉어지는 단풍처럼
가슴에도 선혈 빛 물들었다

보여주지 못한
심장
저 깊숙한 외침은
두 볼을 물들이고
배시시 홍조에 띄운 미소
수줍은 새색시여라

열정은 다해 타오르다
마지막 벼랑 끝에 선
여린 생명
미풍에 추락하니
심장에서 뚝
단풍잎 하나 떨어져
두 볼을 타고 흐른다

바람에 춤을 춘다
곤두박질하는 발걸음은
춤사위 인양
하늘거리는 마지막 인사

못다 한 사랑일랑
다음 생에 기약하듯
분분히 흩어지는 낙엽 위에
흘러내린다

삶

순결하고 고귀한
순백의 백합꽃이고
싶었다

가시 돋쳐
날카롭고 아름다운
화려한 장미꽃이고
싶었다

진흙탕에도
곱게 피어난
연꽃이 되고 싶었다

질척한 오늘을 견디며
우아한 백합의 향기
끌어안아 보건만
그저
이름 없는 풀꽃이었다

신현각

작품

- 겸
- 야윈 봄
- 무엇을 쥐었는가?
- 슬픈 노래
- 통보
- 일기장
- 과거를 자랑하지 마십시오

프로필

- 전북 부안 출생
- 계간 『시세계』 시 부문 등단(2015년)
- 『대한문학세계』 시조 부문 등단(2015년)
- 『한국시조문학』 시조 부문 등단(2015년)
- 문학세계문인회 정회원
- 한국베이비박스문인협회 회원
- 그루터기 앉아 쉬는 바람 동인
- 공저 『베이비박스에 희망을 싣고』(1, 2, 3, 4집)

겸 외 6편

세상을 보려거든 눈 감고 들여다보고
진실을 들으려거든 가슴으로 느끼고
말을 하려거든 침묵으로 말하십시오

얻으려 하려거든 버리십시오
얻었다 하여 다 내 것이 아니듯
욕심을 버려야 얻을 수 있습니다

눈에 보인다 하여 그것이 다는 아니요
보았다 하여 본 것이 아니듯
진실이라 믿는 것도 다는 진실이 아니요

살아간다는 것
주어진 것을 겸허히 받아들이며
두 손을 모으는 겁니다

세상을 바라보는 마음의 문을 여십시오
두 손을 모으고 마음으로 세상을 대하십시오
이렇게 살아 보시오
이러면 평온한 삶이 될 것입니다

야윈 봄

꽃잎에 맺힌 영혼
어제는 영롱한 이슬이었지만
오늘은 슬픔을 내어 물은 아픔입니다

바람에 흔들리는 나뭇가지에
내 마음 게워내어
꽃잎에 내 영혼을 심습니다

비워버린 마음
말라비틀어진 야윈 봄
가지에 샘물이 흐를 때
나는 숨이 트입니다

잠에서 깨어 내가 먼 길 다시 돌아올 때
숨겨둔 영혼 깨워
네 침대에 꽃으로 피어나렵니다

무엇을 쥐었는가?

무얼 낚겠다고 푸르른 강물에 뛰어들었나
손에 잡힌 건 흐르다 멈춰버린 구름인 것을
힘껏 움켜쥐니 사르르 부서져 사라지는 것을

허우적대는 내 꼴을
백로는 비웃기라도 하듯이
우두커니 서서 움직일 줄 모르는구나

한참을 멍하니 바라보니
구름은 아무 일 없듯이 물 위를 흐르는데
그걸 잡겠다 허우적대던 내 모습 떠올라
헛웃음이 나는구나

끈기 있게 기다리던 백로는 미꾸라지 물고
멀리 날아가 버리고
뜬구름 잡으려는 난 무엇을 낚았는가?

그냥 유유히 흐르는 삶이 좋은 것을
세월 탓만 했구나

내 손에 있어야 내 것인 줄 알았던
내가 부끄러워지는구려

내 눈에 내 귀에 담는 것도 내 것인 것을
이제야 알았으니
저 하늘에 흐르는 구름도 이제는 내 것이지
그냥 유유히 흐르는 세월도 참 좋다

슬픈 노래

붉은 노을이 서산 넘어갈 때
슬픈 노래는 하늘을 물들인다
오늘은 어제가 삼켜버려 어제가 돼 버리고
캄캄한 아스팔트에서 오늘을 찾는다

달빛은 건반을 누르듯 횡단보도를 비출 때
내 발걸음 눈물의 소나타를 연주하고
어느새 다다른 집 앞 골목길
괭이의 울음소리는 처량하기만 하여
자꾸만 도돌이표 되어 아침을 찾는다

어제의 아침은 과거고
오늘의 아침은 무거운 아침이다
어제의 아침도 오늘의 아침도
슬픈 노래로 하늘을 물들인다

통보

어둠의 속삭임이 나를 가두고
당신이 마지막 시간을 통보했어
나는 다른 세상에 버려졌고
어둠의 속삭임이 나를 가두었지
이곳에 머물기 싫어
버려진 공간 속으로 깊이 숨어들었지
그래도 잊지 말아 달라고 빌었지
오들오들 떨면서 불면의 밤을 지새웠지
사르륵 바람 소리에도 깜짝 놀라고
당신인가 귀를 쫑긋 세우지만
서늘한 한기만 내 몸 감싸고
소슬바람만 문지방 넘어오니
걷어차 버린 이불 여민다

그리워할 수 있어 행복하다
위안하며 당신의 숨소리 더듬더듬
기억해 본다

일기장

몽당연필 하나만 있어도 행복했다
꾹꾹 눌러 쓴 일기장 속에는
꿈도 추억도 심어져 있었다
한 장씩 꺼내 추억하며
내 꿈이 얼마나 자랐나
재 본다

꿈이 멈춰 있을지라도

과거를 자랑하지 마십시오

나도 한때는 잘 나갔다
과거를 자랑하지 마십시오
옛날이야기 밖에 가진 것이 없을 때 하는 것입니다
남이 볼 때 당신은 처량해집니다

지금을 즐기십시오
아무리 많이 가졌다 한들
지금 즐기지 않으면 과거를 가졌을 뿐입니다

삶을 제대로 즐기며 살아가는 지혜는
지금 가지고 있는 것을 즐기는 것입니다

우 현 식

- 허(許), 하여주오
- 봄의 향연
- 그 시절 그 추억
- 편견 없는 세상으로
- 세월아
- 불효

프로필

- 계간 『시세계』 시 부문 등단(2015년)
- 『시조문학』 시조 부문 등단(2016년)
- 한국베이비박스문인협회 회원
- 한양문학문인협회 회원
- 공감예술문학협회 회원
- 펜터테인먼트 소속
- 공저 『베이비 박스에 희망을 싣고』
  월간 『시집 그리고 에세이』 외 동인지 다수

허(許), 하여주오 외 5편

초롱초롱 밤하늘 밝히는 샛별이
그대 눈에 있음을 허(許)하고

심금 울리는 천상의 소리가
그대 목에서 울림을 허(許)하노니

밝은 햇살이 구름 너머로 나와
하늘빛 뜨락으로 펼쳐질 때
그대 곁에 내가 있기를 허(許)하여주오

바람의 울림도 잠재우고
비의 울음마저 삼킬 수 있는
넓은 바다가 그대 마음이기를 허(許)하니

변치 않을 너와 나 마음들이
하늘빛 뜨락에 펼쳐질 때
그대와 내가 하나이기를 허(許) 하여주오

편견 없는 세상으로

나무 밑 그늘 속에
웅크린 작은 아이

무엇이 두려워서
작은 어깨 움츠리나

초롱한
너의 눈 안에
세상을 담아보렴

동무들 눈을 피해
홀로 걷는 아해야

네 잘못 무어길래
용기를 잃었느냐

그릇된
세상에 맞서
우리 함께 뛰어보자

네 눈빛 곱디곱고
네 마음 넓디넓다

편견 있는 세상은
그들만의 장애물

그들과
너는 하나이니
당당하게 맞서자

봄의 향연

흩날리던 안개비가
추녀 끝 고드름에 모여 앉아
대롱대롱

연둣빛 양탄자 두른
돌 담 사이에 새싹이 고개를
빼꼼 빼꼼

봄은 그렇게
내 눈에 들어오고 있었다

겨우내 꼼짝하지 않던
얼음장 밑으로 물줄기가
졸 졸

속세의 때를 벗었던
나뭇가지에 하얀 솜 망울이
톡 톡

시나브로
봄은 그렇게
내 귀에 들려오고 있었다

겨우내 닫혀있던 눈과 귀가
봄의 향연에 열리고 있다

세월아

겨울도 아닌데
어느새 서리가 내려앉았다

휘날리든 젊음은
야속한 세월 속에
듬성듬성 자리를 내주고는
초라한 몰골 되어 뒷전으로 내앉고

지난날 부유했던 청춘도
세월에 못 이겨 황폐해지고
찰랑거리던 윤기마저
퇴색되어 빛을 잃어간다

세월아!
이젠 천천히 가자꾸나

머리 위에 달은 세월의 훈장
삶의 지혜로 베풀 수 있게끔
청춘의 빛이 퇴색되어도
황혼의 은빛이 아름답게끔

세월아!
조금만 천천히 가자꾸나

그 시절 그 추억

어두워진 골목에는 뛰놀던 동무들의 목소리가
느티나무숲을 지난 바람 타고 울리고
흐르는 시냇가에는 멱 감던 아이들의 모습이
햇빛에 그려진 그늘 속에서 아른거려

아~ 돌아가고파라
그 시절 그리워 눈가에 이슬 맺히네

가진 거 하나 없어도 함께했던 그 시절 그 모습
행복에 웃음 지며 동구 밖 내달리던

아~ 돌아가고파라
그 추억 그리워 눈가에 이슬 맺히네

불효

품 안에 있을 때는
그리운지 몰랐었고

짝을 만나 떠나보니
문득문득 그립다가

내 자식
돌보느라고
가득했던 소홀함

수시로 뵙지 못해
죄송함이 가득한데

마음만 앞세우다
저 멀리 떠나시니

불효를
어이하리오
후회만이 가득하네

그리워 불러보나
가신 임 대답 없고

눈물로 후회하나
지난 세월 오지 않네

공허한
웃음소리만
바람결에 나부껴

윤 봉 덕

작품

- 크게 그리고 넓게
- 허들
- 유리 지붕
- 모서리
- 유효기간
- 탈피

프로필

- 서울 출생
- 월간 『문학세계』 시 부문 등단(2016년)
- 문학세계문인회 정회원
- 화성시문인협회 회원
- 넝쿨문학회 회원
- 한국베이비박스문인협회 회원
- 시의 향기 밴드 동인
- 그루터기 앉아 쉬는 바람 동인
- 수학 강사
- 캘리그라피 강사
- 캘리시화 이원구 시집 『꺾이지 않는 대나무』 『대숲이 품은 노래』

크게 그리고 넓게 외 5편

시간의 허리를 자른다
오랫동안 늙어온 하얀 피가
소파 모서리를 흥건히 적시고
심리적 거리와 물리적 거리의 사이
딱 한 뼘만큼 틈새가 있어
그 안으로 빨려 들어가는
절망과 희망의 공간들이 만들어진다
크게 크게 넓어지는 공간들은
또 다른 세계로 통하는 입구
그곳에도
시간의 허리는 존재할까

모서리

당신의 모서리에서
오늘, 난
태양의 그림자를 봅니다

언제나
환하게 빛날 거라는 착각은
모서리를 만나면 부서져 내리죠

태양 빛을 유리잔에 담아
커피처럼 마셔 보아요

머리에서 발끝으로 흐르는
모서리들의 재잘거림이
무딘 촉수를 흔들어 깨웁니다

빛이 직진한다는 믿음은
모서리를 만나면 페인트로 변하죠

회색 그림자는
일곱 빛깔 옷을 입어요
프리즘을 통과하는 페인트 조각들
바삭거리며 흘러내리는 모서리들

산란 거리는 빛의 율동들 사이로
모서리들은 위험한 비행을 하고
위험하다는 생각은
빛더미 속에서 녹아내리고

당신의 숨겨진 모서리들이

오늘, 나에게

태양의 그림자를 보여주네요

허들

빛나는 별 하나
심장에 품은 당신이
넘어야 할 통증이죠

발바닥에 모아지는
단단한 에너지는
푸르게 날아오르는
별빛 아다지오

육체는 유연해지고
딱딱한 공기의 응결이
바람처럼 부드러워지면
등을 곧게 펴고 가슴으로
호흡할 수 있는 시간이에요

온몸을 휘감는 거대한 중력이
깃털처럼 가벼워지기 시작하고

시야를 가리던 먹구름의 정체는
태양 그림자 속으로 숨어버려요

그늘에 드리워진 통증의 향연
넘어지고 무릎이 부서져도

결코, 멈출 수 없는

유효기간

날이 밝으면 기억하세요
당신의 유효기간 체크하는 것을요

당신… 사랑의 유효기간
당신… 젊음의 유효기간
당신… 감기의 유효기간
당신… 열정의 유효기간 etc

방부제는 금물이에요

달력에 기록된 숫자는
의미 없는 공허한 바람
불안한 공기의 떨림처럼
유효한 호흡을 한다는 건
심장에 한 그루 나무를 심는 거죠

그늘 속에서도 광합성은 일어나죠
당신 머리카락을 잠식할 수 있어요
햇살이 영원한 이유라고나 할까

영원한 유효기간을
설정하고 싶나요?

햇살 속으로 걸어 들어가 보는 거예요
온몸이 녹아들어 햇살과 하나가 될 때
당신의 유효기간은 연장될 수 있어요

유리 지붕

엄마의 자궁 속에서 편안함을 경험한 아기는
투명함의 속내를 알 수 없어요

눈을 크게 떠보세요

기억의 시작은 천장을 응시하는 사람에게
빛으로 다가와 시야를 흐리기 때문이지요

이불 위에서 피터팬이 하늘을 날고 있어요
어쩌면 그 하늘이 유리 지붕일지도 모르지만

나는 난다는 것의 의미도
투명함의 연속이라 생각했어요

요정의 약속은 빛처럼 편안함의 기억을
지우는 것일지도 몰라요
결국 깨지기 위한 기억…

불안해지기 시작한 나는 피터팬을 생각하면서
기억의 끈을 잡으려고 힘을 주었어요

깨지기 직전의 카타르시스를
경험해 본 적이 없는 아기는 늘 편안하죠

당신과 나만의 평화가 공포의 투명함을
간직한 유리로부터 시작된다는 것은
마치 배설하기 전 힘을 줘야만 하는 아기의 공포
왜 힘을 줘야만 하는지도 모르면서…

굳이 이유를 증명하라면
이불에게 물어보고 싶어져요

난다는 것과 깨지는 이유, 편안함의 공포를

탈피

낯설어서…
거울이 깨지고 있어요

오늘 아침은
건너뛰는 것이 나을지도 몰라요

혈관 속을 말끔히 비우고
하얀 피를 수혈받아야 할지도 모르니까요
심장까지 하얗게 변하는

머리털이 하얘지면 어쩌지?
걱정하지 말아요, 곧 익숙해질 테니까

충동이 변화를 토닥여 줄 때
둥지에는 산소가 가득 찰 거예요
비로소 호흡할 수 있는 안도감에
방심은 금물, 신중하게 진행해야 돼요

성장한다는 건 알레고리의 파괴
천천히 진화하는 거예요, 아주 천천히

거울이 산산조각 날 때까지
그리고 다시 익숙함

이 미 선

작품

- 이렇게 살고 싶다
- 신호등 인생길
- 저금
- 혼잣말
- 그대 눈동자 안에서
- 친구야! 술 한잔하자
- 파도

프로필

- 충남 논산 출생
- 유아교육과 졸업.
- 계간 『시세계』 시조 부문(2015년) · 동시 부문 등단(2015년)
- 월간 『문학세계』 수필 부문 등단(2015년)
- 베이비박스문인협회 『베이비박스에 희망을 싣고』 창작문학대상 수상(2집)
- 베이비박스문인협회 『베이비박스에 희망을 싣고』 창작문학대상 수상(3집)
- (사)시진회 수안보온천 시조문학상 신인상 수상(2015년)
- (사)시진회 수안보온천 시조문예축전 시조문학상(특별금상) 수상(2015년)
- (사)시진회 수안보온천 시조문학상(작가상) 수상(2017년)
- (사)한국시조문학 역동시조문학상(특별금상) 수상(2017년)
- (사)독도문학상(본상) 수상(2017년)
- 한국시조문학 작가상 수상(2018년)
- 문학세계문인회 정회원
- (사)한국시조문학진흥회 정회원
- 한국베이비박스문인협회 회원
- (사)한국베이비박스문인협회 사무총장
- 어린이집 원장 20년차
- 공저 『베이비박스에 희망을 싣고』(1, 2, 3, 4집)
  『한국을 빛낸 문인』(2015년)

이렇게 살고 싶다 외 6편

잠에서 깼을 때 사랑하는 당신
내 옆에서 응석 다 받아주고
당신 목소리로
이 아침 흥겹게 맞이하며
이렇게 살고 싶다

돌부리에 걸려 넘어질 일 있더라도
다친 곳 약 발라줄 수 있는 당신과 함께
천방지축 마냥 아기처럼 행복하게
이렇게 살고 싶다

큰 부자 아니라도 가진 게 넉넉하지 않아도
당신이 나만 바라보고 내 손 놓지 않는다면
하루 세 끼 다 먹지 않는다 해도
이렇게 살고 싶다

저녁이면 두 손 마주 잡고
산책을 하며 도란도란 이야기하고
혹여 다투더라도 나 무섭지 않게
등 보이지 않을 당신과 함께
이렇게 살고 싶다

험한 산길과 내가 무서워하는
바다에 고기를 잡으러 간다고 해도
나에게 믿음만 준다면
어디든 기꺼이 따라나서며
이렇게 살고 싶다

나 당신과 함께 라면 이렇게 살고 싶다

그대 눈동자 안에서

종일 난 그대 눈동자 안에서
춤추고 재잘재잘 노래 불렀지

종일 난 그대 눈동자 안에서
하얀 이 드러내놓으며 미소 지었지

종일 난 그대 눈동자 안에서
같이 밥 먹고 두 손 꼭 잡은 채 오솔길 걸었지

종일 난 그대 눈동자 안에서
사랑의 대화 속삭이고 또 속삭였네

그대 눈동자 안은 아무도 모르는
아늑하고 평온한 나만의 세상

그대 눈동자 안은 아무도 모르는
우리 둘만의 사랑 놀이터

아~나는 매일 아침 그대 눈동자 안에서
아침을 맞이하고 싶어라

신호등 인생길

내 인생 오늘도 달린다

하늘에 구멍 난 듯 쏟아지는 비가 와도
눈보라 휘몰아쳐도 달리는 내 인생

종착역 어디에 있는지 모른 채
거친 숨 몰아쉬며 달리다가
너와 내가 부딪쳤을 때야 비로소
빨간 불 소리 들려온다

나 혼자 달리는 인생길 아니다

쉬엄쉬엄 양보도 하면서
초록 불엔 멈춰가면서 너와 나
질서 지켜 같이 달린다면 부딪쳐서
아파할 일 없을 인생길이건만

어차피 달리는 신호등 인생길이라면
빨간 불? 초록 불? 어깨동무해가며
종착역까지 여유 있게 가보는
멋진 인생길 되련다

친구야! 술 한잔하자

봄비가 밤새 사부작 대지를 촉촉이 적시고
내 마음마저 새록새록 적시려 할 때
'친구야! 술 한잔하자'

해는 뉘엿뉘엿 노을 아름답게 흩날리며 숨고
내 마음마저 스멀스멀 숨고 싶은 날
'친구야! 술 한잔하자'

출근길엔 돌부리 퇴근길
맨홀 뚜껑 밟고 넘어져
오늘따라 내 마음마저
덜커덩 내려앉은 날
'친구야! 술 한잔하자'

남들은 집 샀다 땅 샀다
시댁 식구 잘 만나 잘도 사는데
거울 속 내 모습 마음마저
쿡쿡 배 아파지는 날
'친구야! 술 한잔하자'

남의 집 자식들 가지각색
상장도 푸짐히 잘만 타는데
우리 집 자식만 제 아빠 닮아서
상 한 번 못 타오는 날
'친구야! 술 한잔하자'

이래서 친구야! 저래서 친구야!
맘 좋은 그 친구 다신 없을 둘도 없는 좋은 친구!
오늘도 우리는 '친구야! 술 한잔하자'

저금

기쁨 넘칠 때 우울한 사람에게 나눠줄 수
있는 은행 있다면 좋을 텐데
행복 흐를 때 저금해뒀다 슬픈 일 있는
사람 조금씩 나눠준다면 얼마나 좋을까?

사업 잘될 때 거들먹거리지 않고
인맥과 전략 저금하면 좋을 텐데
주위 친구들 많을 때 외로움 대비해
사랑과 온정 저금해 놓으면 얼마나 좋을까?

주위 사람에게 웃음 줄일 있을 때
저금해놓은 웃음 맘껏 나눠주고 싶다
주위 사람에게 사랑과 행복 줄일 있을 때
은행 가서 열심히 저금해놓은 사랑과 행복
찾을 수만 있다면 모두 나누어 주고 싶다

파도

화나면 화나는 데로
금방 집어삼킬 듯
기분 좋으면 잠잠히
조용히 고요하다

가지고 있기 싫은 게 있으면
모래사장에 내던지고
다시 갖고 싶어지면
화난척하며 갖고 가버린다

요 녀석 가만히 보고 있자니
세상 무서울 게 하나 없는
오묘한 녀석이다

속에 담아 놓고
참고 있을 일은 없으니
파도는 화병 걸릴 일은 없어서 좋을듯싶다

혼잣말

— 베이비박스 아이들에 관한 시

혼잣말….
널 위한 혼잣말….

고개 숙인 내 모습
촉촉이 젖은 눈으로
널 보던 내 모습

모른 척
뒤돌아보지 않았던 내 모습
끝내 내민 손 뿌리친 내 모습

소리치며 날 부르던 네 모습
지금도 선명한 네 모습
지우려 할수록 선명해지는 네 모습

괜찮다고
주문처럼 내뱉던 혼잣말
눈물 대신
주르르 쏟아내던 혼잣말

혼잣말….
날 위한 혼잣말….

가슴 먹먹한
슬픈 혼잣말….

이 원 구

작품

- 호접몽
- 노을의 내일
- 양은냄비
- 물이 가는 길
- 같이 가는 길

프로필

- 전북 김제 출생
- 계간 『시세계』시, 시조 부문 등단
- 월간 『문학세계』 수필 부문 등단
- 제2회 온천시조문학상 신인상 수상
- 제13회 시세계문학상 시조 부문 대상 수상
- (사)세계문인협회 문화예술 공로상 외 다수
- (사)세계문인협회 이사
- 전북문인협회 이사
- 영남시조문학회 부회장
- 김제문인협회 사무국장
- 한국베이비박스문인협회 고문
- 월간 『문학세계』 운영위원
- 한국문인협회 회원
- (사)한국시조시인협회 회원
- 전라시조문학회 회원
- 청풍명월 정격시조문학회 회원
- 시집 『꺾이지 않는 대나무』
- 시조집 『대숲이 품은 노래』 『다시 일서는 봄』
- 공저 『베이박스에 희망을 싣고(1, 2, 3, 4집)
  『하늘비 산방』 『한국을 빛낸 문인』외 다수

호접몽 외 4편

밤 열차 타고 가며
보이는 저 불빛은

손 밀어 잡지 못한
사막의 신기루지

덧없이
날아가 버린
놓쳐버린 꿈이여

물이 가는 길

어두운 물길 따라
흐르는 물줄기는

보이지 않는 길이
무섭지 않은 걸까

힘차게
노래하면서
혼자서도 잘 가네

어렵고 캄캄한 길
헤매지 않고 가고

수많은 꼬임에도
다른 길 보지 않는

저 물은
큰 나를 향해
끊임없이 가겠지

노을의 내일

오늘을 보내주며
뜨거운 눈 흘기듯

아쉬워 붉힌 눈은
수평선 위에 앉아

들끓는
마음 식히며
다른 내일 꿈꾸지

같이 가는 길

동맥의 큰길에도
실핏줄 있어 주고

커다란 고속도로
국도가 있어 주듯

혼자는
갈 수 없는 길
손에 손을 잡았지

양은냄비

뜨겁게 살아왔던
화려한 금빛 얼굴

거친 삶 이겨내고
인생을 끓이면서

구멍 난
냄비 밖으로
붉은 눈물 흘렸지

德山 장 봉 균

작품

- 서봉산, 인생을 담다
- 둑길, 지난 향기 속에
- 아들아, 청춘은 희망이다
- 평화, 희망은 있다
- 새로운 시작을 위해
- 가슴속 울림

프로필

- 『문학저널』 시 부문 등단
- 문학저널문인회 정회원
- 화성문화원 이사
- 열린 동해문학 작가상 수상
- 열린 동해문학 자문위원
- (사)한국사진작가 화성지부 회원
- (사)한국베이비박스문인협회 회원
- (사)한국문인협회 화성지부 부장
- (사)좋은 친구들 이사
- (주)오스방음자재 대표이사
- 제1회 시화 전시회 개인전
- 제1회 사진 전시회 개인전
- 시집 『향기 나는 곳에 이유가 있다』
  『멈춰진 삶, 그 안에 내가 있었다』 『내 마음의 풍금소리』
- 공저 『베이비박스에 희망을 싣고』(4집)

서봉산, 인생을 담다 외 5편

아스팔트 끝에 한 발짝
정상의 봉우리를 향해 놓인 발걸음
땀 한 방울이 마른 대지를 적신다

굽이굽이 한 굽이를 돌아
넓적한 바위 위에 걸터앉아
요동치는 나를 잠재운다

얼마나 걸었을까? 결혼하기 전부터 걸어서
아이가 성년이 되었으니
이 길도 나의 삶의 일부인 것이다

다시 한 발짝을 떼어
삶의 내리막과 오르막을 오르듯
한 굽이를 더 넘고서야 보인다

내 인생의 참된 진리와 성찰
249M 나지막한 봉오리 팔각정
인생의 쉼표 흰머리에 찍는다

평화, 희망은 있다

철조망에 가려진
내 어린 시절은 굉음뿐이었다

총알에 맞고
포탄에 날아가고
절름발이 아저씨와 아줌마는
생업을 포기해야만 했다

바닷물이 들어올 때면
갈매기는 끼룩끼룩 힘찬 날갯짓과
수면 아래 가려진 두 얼굴
생명의 그림자

아침과 저녁 오가던
지프와 군복 행렬은 못 본 지 오래
철책에 찢긴 상처는
내 마음속 깊이 용솟음치며 흐른다

붉은 노을 아래 농섬과 갯벌
논과 밭이 되었던 삶의 현장을 빼앗긴
굉음에 시달려야만 했던
어린 시절은 그렇게 지나갔다

꿈 많은 작은 눈과 귀
농섬 앞 코스모스 활짝 핀 그 길을 따라
뛰어노는 아이들의 숨소리
희망을 꿈꾸리라

둑길, 지난 향기 속에

귀한 가죽 신발을 신고
나비와 춤을 추며 들놀이 가는 순이
그 옆을 따르는 촐랑이

금계국이 환하게 웃는 둑길에
진한 남자의 향이 스치고
촐랑이의 목은 조여온다

남자의 시선을 한 몸에 받고
아카시아 향이라 부르며 다녔던
지난날의 꽃순이

담홍색 양귀비에 밀려
뒤안길에 나앉아 있는 신세
영문도 모르는 촐랑이는
목이 졸린 채 오던 길을 따른다

새로운 시작을 위해

시간을 멈추고
사람과 사람 사이를 뛰어
숨어있던 나의 자아를 찾는다

돌릴 수 없는 시간
추억을 깨물며 고개를 돌리고
빈 벤치에 앉아 하늘을 본다

청명했던 가을 하늘도 갈매기도
뛰어다니던 게들조차도 숨어버린
황막한 틀에서 숨죽이고

가끔 지나가는 구름과 바람
그 사이사이 지나는 경적
밧줄에 묶인 배를 타고 있다

더 높고 더 넓은 세상을 위해
항해의 돛을 세우고 묶여있던 밧줄을 끊는다

아들아, 청춘은 희망이다

청춘의 붉은 깃발은
거센 바람을 만나
심하게 휘청거릴지라도
불타는 가슴은
쓰러지거나 꺾이는 일은 없으니

지금의 먹구름은
내일의 밝은 태양이고
지금의 비바람은
내일의 훈훈한 바람이다

일 년이라는 세월
이 년이라는 세월
그 아픔은 성장의 동력이 되어
큰 사람이 될 것이라 믿는다

아들아~
불타는 청춘의 시간은
늙어가는 아비의 시간과 같고
더 늙은 할아버지의 시간과도 같으니
조급함은 버려두는 것이 좋다

슬기로운 한 수
진정한 승리를 위해 싸운다면
기석(棋石)*을 어디에 둬야 하는지 알 것이며
먼 훗날 돌아보며 웃을 것이다

* 기석(棋石) : 바둑돌.

가슴속 울림

사람과 사람
그리고 나를 둘러싼 사람
원을 돌며 살아가는 것처럼
망각에 쌓여 살아간다

가로등 앞에 노란 비
정육점 앞에 빨간 비
현관 앞에 하얀 비

환상을 꿈꾸며 헤매고
길거리 조명에 걸터앉은 빗방울
그 안에 비친 투명한 골목길

분주한 사내의 물먹은 구두
배부른 가방과 걷어 올린 소매
어깨 위로 휘파람은 춤을 춘다

淸雨 장 선 호

작품

- 말 못 할 사연
- 만추(晩秋)
- 쉼 있는 그곳
- 산사 방문(山寺 訪問) 시조
- 님이 그리운 날
- 시인(詩人)
- 흐름
- 흔적을 남기는 삶
- 방황

프로필

- 전남 광양 출생
- 계간 『시세계』 시 부문 등단(2015년)
- 월간 『문학세계』 시조 부문 등단(2015년)
- 한국시조문학 시조 부문 등단
- 한국베이비박스문인협회 대표
- (사)한국시조시인협회 회원
- 문학세계문인회 정회원
- (사)한국문인협회 정회원
- (사)한국시조문학진흥회 이사
- 수안보 온천시조 문예축전 신인상 수상
- 청풍명월 정격시조문학회 회원
- 책속의 한줄 희망 동인
- 부산 청옥 · 석교시조문학 동인
- 다솔문학 동인
- 공저 『베이비박스에 희망을 싣고(1, 2, 3, 4집)
  『초록물결』(1, 2, 3집) 『하늘비 산방』
  『석교단시조문학집(초록엽서)』
  『한국을 빛낸 문인(2015~2016년)
  『마음으로 그리는 풍경화』외 다수

말 못 할 사연 외 8편

천 리 길
멀다 한들
이 길만 하오리까
백설이 범람하여 세상을 뒤덮는 밤
엇갈린 희망을 찾아
비탈길을 오를 적

가파른
숨소리가
양심을 찔러대고
설움이 솟구쳐서 지천을 덮었어라
하늘에 박힌 사랑이
지쳐 울며 날리네

말 없는
쏟아지는
별빛을 머금고서
하늘도 눈을 감아 천 리 길 오리무중
회심(悔心)의 모습 어딘가
숨어있을 꿈이여

시인(詩人)
— 그대들

야위어가는
가을을 긁어대는 하루
비릿한 사연들이
꼼지락꼼지락 꿈틀거린다
지친 날들을 토하듯
쥐어짜며 내뱉는 소리는
깃 세운 꽃잎 마냥
들판 위엔 추억을 각인시키고
너울 이는 물결 속에서
한평생 춤을 추다 끌려 나와
소금에 절인 고등어처럼
간 배인 소망이 책장에 쌓여간다
노을이 아쉬움을 남길 적
가슴 뛰는 그대들
흑심 품은 가슴
꿈 박힌 촘촘한 하늘
산돌림 눈물을 흘리는 밤
바람난 길손이 되어
시인은 겨르로이 에움길을 나선다

만추(晩秋)

심신을
간질이며 추풍이 유혹하니
뾱잠한 웃음소리
곳곳에 튀나 오고
오랜 날 품은 사연들
토해내는 가을 녘

새들의
웃음 속에 추색이 짙어가나
해마다 가슴 죄는
농부의 바람인 듯
저마다 몸 사리느라
숨죽인 들판일세

어미의
고무신은
바닥이 헤어지고
이마 위 주름마저 황혼이 짙어갈 적
꿈인 양 매달린 사연
시름마저 익을까

흐름

근심의
나날들은
들녘을 물들이고
하루를
끌어안은
추억이 쓰러질 적
매달린
홍시처럼
흐물해진 가슴 결

갈바람
에움길에
비좁던 서로의 꿈
그리움
불사르고
노을이 되었던가
농익은
이야기마다
님을 찾아가누나

쉼 있는 그곳

자맥질
모난 바위
더위에 지쳐갈 제
갈매기
날갯짓에
하루는 멍이 들고
저만치
우는 뱃고동
마중 나온 등대 빛

난세의
상흔마저
감추인 보배런가
곳곳이
무릉도원
한 폭의 병풍이라
파도여
춤추며 오라
세월마저 잊은 몸

흔적을 남기는 삶

바람이 지평선 위에
추억을 그리는 하루
무변광야로 꿈 찾아 떠난다

연필 한 자루로
삼라만상을 논하고 파
아무도 없는 그곳을 찾으련다

소싯적 꿈을 끄적이며
희망의 이랑을 일구고
마음의 땀을 닦으며 살아 보세나

행여 찾아와 나 없거든
구름 위로 올라와
광야를 보시게 펼쳐진 글 밭을

모든 것이 필요 없다네
구름 탄 우리에게는
연필 한 자루 종이 한 장이면 어떤가

씨앗을 심듯 눌러쓴 자욱들
꾸불한 삶의 여정
훗날 이곳에 피어날 꿈이 있다네

산사 방문(山寺 訪問) 시조

산사(山寺)의 봄

에움길
고삐 달고
올라간 산기슭엔
풍경의 기침 소리 근심의 잠 깨우고
노승은 나란히 앉아
홍매화를 반기네

내려놓음

오르고
내림 길이
우리의 삶일진대
한 시절 피고 지는 매화가 부럽더냐
내 맘이 흔들거리는
대나무 속 같아라

사심(私心)

동절의
흐느낌은

산천을 매만지고
흐르는 물소리에 노목(老木)이 기침(起枕)하네
한 시절 뫼 이룬 근심
푸르름이 섧구나

근심

심연(深淵)의
외침인가
어미의 마음이랴
오뉴월 뙤약볕에 벗겨진 등짝 인양
억겁(億劫)의 세월 속에
이끼 되어 사누나

비움

청죽(青竹)이
손 흔들면
행여나 님이런가
허공의 백지연서(戀書) 뉘라서 알아줄꼬
석정(石井)의 텅 빈 바닥이
내 맘인가 싶어라

방황

추억을 안고
벌거벗은 하늘
풋대는 어디로 가고
움츠린 모습에
아쉬움만 둥둥

떠도는 구름
긴 여정에 지친 듯
눈 찔끔거리며
말없이 바라보는
허전함이 뫼 이룰 적

미동 없는 밤하늘
지친 몸 잠시 쉬노라면
또다시 저만치서
손짓하며 다가오는 너는…

님이 그리운 날

가슴을 적시는 눈물의 하루
심곡을 흐르며 한 시절을 지운다
높은 뚝 인양 버텨왔던 님
내 평생 끄덕없을 줄만 알았지

솟은 산처럼 늘 이정표로
흔들리던 날이면 바라보던 님
한 걸음 한 걸음에 세상을 배우고
벽에 부딪힐 땐 넘는 법을 배웠다

인생의 에움길 온몸으로 부딪쳐
만신창이 자식들을 끌어 안고서
험산 준령도 기쁨으로 넘었지
오늘도 그리운 씁쓸한 님의 삶
거대한 뚝이 터져버린 날
가슴 가득 밀려오는 쓰나미 눈물
흔들며 불러봐도 찾을 수 없는 님으로
모든 것을 잃어버린 질고의 인생

불러도 대답 없는 현실 앞에서
스치듯 지나가는 아름다운 추억들
눈물과 웃음으로 지나온 시절
내 가슴 바다를 이루며 유유히 흐른다

龍雲 정 범 식

작품

- 잊혀진 것들
- 회상
- 오도령(悟道嶺)
- 나의 아이야
- 늦가을 날
- 탁상시계
- 핀잔

- 명지대 졸업
- 문학세계문인회 회원
- 월간 『문학세계』 시 부문 등단(2007년)
- 제9회 세계문학상 수상
- (주)천마기술단 부사장
- 시집 『주정뱅이』 『홀로 왔으니 나그네 아닌가』 『관조의 늪을 헤매다』 『이것은 뭘까』
- 공저 『베이비박스에 희망을 싣고』(4집)

잊혀진 것들　외 6편

까맣게 변한 기억의 골짜기에서
잊혀진 것들 서멀서멀 떠내려올 때면
첫눈 펑펑 내리는 날 뒷동산에 올라
그 속 파헤치고 꺼내어 보자
순백한 마음속에 숨겨진
나름의 그 무엇들 있으리니
오랫동안 묵히고 썩힌 것들
따지고 보면 모두 다
부끄럽고 미안한 것들뿐인걸
늘상 티격태격했던
행복도 불행도 아닌 모호한
잡풀 같은 일상들 속에서
사실은 가시덤불로 우거진 삶일 것인데
하얀 눈 베개 삼아 비스듬히 누워보자
훌쩍 지나간 나이테 세면서
그 사이사이 틈새에 끼인 것들
비록 잊혀진들 버리진 말아야 할 것들
수두룩하리니

늦가을 날

그 누가 바람 불어
좋은 날이라 했던가
뒷산 숲 이룬
아름드리 굴참나무잎
낙엽 되어 무수히 뒹굴고
굵은 가지에 둥지 튼 부엉이
달빛 창백한 날 잡아서
큰 눈 더 크게 뜨고선
그토록 구슬픈 노래 불러 댄다고
떠나간 날들 돌아올 리
만무하거늘
꽃 피고 푸르거나
찬 바람 불고 서리 내리거나
지나고 돌이켜 보면 다
한통속일 터인데
스산함에 귀뚜리 소리 감춘
이러한 날에
그 누가 감히 바람 불어
좋은 날이라 했던가

회상

그 얼마나 아름다웠던가
황홀한 청춘 앞에서
찢어질 것 같은 아픔도
에메랄드빛이었고
목석같은 영혼도 녹아
설탕처럼 달콤하지 않았던가
첫날밤을 보낸 신혼처럼
그토록 설레던 시절 지나
기나긴 여행 중인 작금에
망망대해 항해를 막 끝내고 난
돛단배처럼
혼자만의 여유와 평온이
겨우 내세를 지배할 즈음에
잠시 잊으려던 현실 몰아쳐 올 때
기억들 오물오물 씹으며
깊은 밤 온몸으로 휘감아 보지만
미지의 두려움 앞에서
백팔번뇌만 신기루처럼 나타났다가
사라지곤 하는 회상

탁상시계

당신이 싫어졌습니다
한때 세상을 지배하는
그 모습에 반해
숨결까지도 좋아한 적 있었지만
끝없이 일만 함에
이제는 보는 것조차 싫어졌습니다
언제나 늘 피곤해하여야 하고
버거움에 힘들어해도
위로의 술 한 잔조차 없었던 당신
처음 만난 날 그때처럼
평생 친구로 해로(偕老)하자 해놓고
역사적 소명이라면서
늘 똑같은 음성과 그 잔소리
이제는 정말 지겹습니다
세상 구경 조금 더 하고 싶음이
인지상정(人之常情)으로 통한다면
진정코 부탁하건데
똑딱똑딱 하지 마시고
또~옥~~딱 또~옥~~딱해 주시구려

오도령(悟道嶺)

— 경남 하동과 전남 광양 사이 고개

더 높은 곳에서 바라봐야
멀리 보인다 하기에
오르고 또 올라
사방을 둘러보지만
언제나 늘 그 자리
턱밑까지 차오르는
숨 가쁨
끝 모를 꼬불꼬불한
감정 속에서
생불 같은 번민만 한이 없고
도솔천 수미산 꼭대기
여기인 것 같은데
땀으로 범벅이 되고만
고행(苦行)
벅차고 먹먹해는 거
끝없는 적막한 내면의 세계
허, 그거참!,
고매(高邁) 하도다

핀잔

여름이 무르익어 더워지길 레
맘에 드는 반팔 티 하나를 샀다
몇 벌 있긴 하지만
도무지 마음에 들지 않기에
그러나, 얄궂은 딸의 눈초리는
어찌 그런 걸 샀느냐다
돌이켜 보면,
파릇파릇 싱그러웠을 어느 한때
가장 듣기 싫었던 말… 핀잔!
젊게 보이는 옷 사야 했노라고
틀린 말 아니겠지만
나름의 개성은 온데간데없어
틀에 짜인 온실 속에서
복사기처럼 살아가는 게 싫었음에
어쩌면 그렇게 등 떠밀려
뚜벅이로 걸어왔는지도 모를 일
머지않을 종착역 앞두고
이제는 너무도 그리웁게 들리는
그 말… 핀잔!

나의 아이야

아이야!
아직은 모를 거야
태어날 때부터 넌,
나의 꽃이었어
난, 그 꽃을
얼마나 이뻐하고 사랑했는지
늘 곁에 있으므로
진정코 외롭지 않았고
그냥 바라보는 것만으로도
서글픔조차 사라졌지
이순(耳順)이 되는 이제서야
깨닫게 되는 삶 앞에서
밤새 고이 잠들어 있을 때나
뙤약볕에 등살 따가워 올 때나
넌, 나의 살을 먹었고
늘어나는 나의 주름살로
넌, 자신의 이상을 쌓아 갔지
언젠가는 알게 되겠지만
그래서 넌,
이 몸이 사라지는 그날까지도
영원한 나의 갓난아이야

정 이 란

작품

- 행복은 혼자 오지 않습니다
- 당신이었군요
- 무지개다리를 건넜다
- 고맙다 사랑 그립다 그대
- 벽
- 이별

프로필

- 『서정문학』 시 부문 등단(2015년)
- 월간 『문학세계』 수필 부문 등단(2016년)
- 코끼리 놀이방 어린이집 원장 역임
- 진성 속셈학원 원장 역임
- 춘천 한샘 고등학교 근무
- 족심도 풋&힐링 대표
- 한국문인협회 시분과 회원
- 국제PEN 한국본부 회원
- 한국베이비박스문인협회 정회원
- (사)한국문학작가회 정회원
- 월간 문학세계,시세계 정회원
- 전자책 〈팟캐스트 여자라테〉마마킹의 사람책도서관 32회 방송 출연
- 홍천내면중학교 강의
- 개인 출판회 사회 진행
- 시집 『쪽지 하나의 사랑 』(2쇄 출간)

행복은 혼자 오지 않습니다 외 5편

행복은 혼자 오지 않아요
남의 행복이 커다랗게 보이는 건
내가 행복하다고 느끼지 못하기 때문이에요

남의 행복을 곁눈질한다고
행복이 찾아올까요
내가 행복해야 행복도 다가오는 거예요

겉으로 행복을 쫓는다면
그건 헛된 일이 될 거예요
행복은 그런 것이 아니거든요

많이 웃고 많이 사랑스러워야
행복도 다가오는 것이에요
자,
행복이 다가오고 있나요

고맙다 사랑 그립다 그대

사람이 사람을 사랑한다는 것이
얼마나 귀한 일인지 안다
이 사람이 나를 사랑하기까지
얼마나 깊은 밤을 지새웠을지
그것을 알기에 고맙다

보이지 않으면 궁금하고
마주 보고 있으면 기분이 좋고
언제나 마주 앉아 사랑하고픈
그대 그립다

서로의 아픔을 쓰다듬을 줄 알고
따뜻하게 보듬을 줄 알며
잠시 잠깐이라도 서로를 이해하는
마음이 더없이 깊고 깊다

사랑은 뜨거울 때 뜨거울 것이고
식었다고 그 사랑이 변하는 것이
아니듯이 사람이 사람을 사랑하는 것이
귀하고 귀한 일이다

사랑의 맛이 쓴맛 단맛 짠맛 신맛처럼
달콤하지만 않듯이 사람이 사람을
사랑하는 것을 아깝다 생각하지 말자
서로를 더 아끼고 소중하게 생각하자

누구 하나가 먼저 떠나더라도
결코 후회할 일을 만들지 말자
서로 사랑하기에 시간도 아깝다
그러하니 고맙다 사랑 그립다 그대

당신이었군요

어느 날 당신이 내 안에 들어와
까만 밤을 하얗게 세는 내내
잠 못 들게 그리워지는 게
당신이었군요

늘 가슴앓이를 앓았던 시간들이
언제부터 그리 자리를 잡고
당신으로 인해 가슴은 멍들어
살고 있었는지를

사랑도 이젠 집착이라는 것을
알았을 땐

서로의 선로에 서서
평행선처럼
나는 이만큼
당신은 저만큼
그렇게 서로의 길로 걸어갈 거예요

이젠 활짝 웃으며 살 거예요

벽

나 자신도
나를 알 수 없는 상태에서
어쩔 줄 몰라 하며
내가 놓인 상황을
난생처음 타인에게 털어놓았다

고민하는 것은 나쁜 것이 아니다
다음 단계로 넘어가기 위한 벽이라고 할까
그 벽에 부딪히는 건 분명 내가 앞으로
나아가는 것일 것이다

나는 그 벽을 몇 번이나 부숴왔던가
내 일은 나 스스로 행동에 옮기지 않으면
아무것도 변하지 않는다

내 발을 내가 움직여야만 걸을 수 있는 것이랑
마찬가지일 것이다
스스로 부담을 느끼면서 말과 행동을 확실하게
보여줘야 한다

무지개다리를 건넜다

하얀 목련이 피어나고
노란 개나리가 군단을 이루어 필 때
하늘은 회색빛으로 어두워졌다

햇살 한 점 비추어지지 않고
금방이라도 빗방울이 떨어지려 할 때
똑똑 떨어지는 물방울

눈가에 맺힌 물방울은 그칠 줄 모르고
가느다란 속눈썹은 부스스 떨린다
꼭 깨문 입술은 피멍울이 지고
멍울진 가슴은 터질 듯이 방방 거린다

화사한 벚꽃이 꽃봉오리 질 때
온통 세상은 분홍빛으로 물들어지는데
내 사랑은 무지개다리를 건넜다

이별

끝내
아무 말도 전 할 수 없고
목구멍이 타들어 가는 불꽃처럼
심장은 바싹바싹 말라만 갔다

살가죽이 알갱이가 빠진
거죽마냥 가벼워지고
물 한 모금 넘길 수조차 없었다

벌건 눈동자에선 더 이상 눈물이
나지 않았다
대신 피눈물이 났다

최 정 호

작품

- 미혼모
- 억새꽃
- 만경강 두루미
- 사월의 신부
- 가을풍경
- 화려한 외출
- 학림사 보리밭

프로필

- 전북 완주 출생
- 전북대, 우석대 평생교육원 문예창작 수료
- 문학세계문학상 시조 부문 대상 수상
- 세계문학상 수필 부문 대상 수상
- 언론문학상 시 부문 대상 수상
- 전북문인협회 정회원
- 전북시인협회 정회원
- 완주문인협회 정회원
- 문학세계문인회 정회원
- 한국베이비박스문인협회 정회원
- 시집 『노을 꽃』 『언덕에 오르면』
- 수필집 『외딴 오두막』
- 공저 『베이비박스에 희망을 싣고』(3, 4집)

미혼모 외 6편

받아들이기엔 부끄럽고 안고 가기엔 가시면류관

나갈 길 싱크홀 되었고 돌아갈 길 떠내려간 외다리
안을 수도 버릴 수도 도망칠 수 없어 발만 동동거렸다

철부지 소녀가 어찌하다가 저도 모르게 어미가 되어서
새끼 안을 힘없고 가시밭길 헤쳐 갈 가슴마저 없다

베이비박스 어두운 밤길 작은 촛불 하나
길 밝히는 보름달이다

택시마저 기어가는 비탈길
시 때 가리지 않고 팔 벌려 기다리는 빈 상자 하나
뛰는 가슴 엄마 품은 못 되어도 눈비 가려주는 둥지가 된다

꺼리는 눈초리 날아오는 돌 세례 피하지 않고
따뜻한 손길 요람이 되어서
불붙은 화구에서 1500여 핏덩이 건져
영혼을 축복하는 기도가 있다

가을풍경

쏴 후드득 먼지 속을
누렇게 머리 풀어헤친 채
골목 안까지 꽁지 빠지게
날개야 날 살려라 쥐구멍 찾는다

용오름 되어 하늘까지
해득해득 묘기 부리는 곡예사
하늘을 주름잡다가 쏴 후드득 코 처박는다

누더기 걸친 우수수 낙오병
맨 가지 턱걸이 오들거리는 놈
후미진 뒤안길 엎드려 신음하는
부상병까지 갈퀴질한다

도리깨 휘두르는 타작마당
키질하여 바닥 쓸어 날리는
싸리비 움켜쥔 망나니 서릿바람
한 뼘 남은 가을 꼬리 배코 친다

억새꽃

무스 발라 빗질한 갈색 머리
옷깃 여며 두 손 모았지만
시 때 없는 돌바람 시달리고
찌는 햇살 가을날 더위를 먹었나

고개 흔들어 목화송이 피우고
갈비뼈 시리도록 한 올 한 올
머리털 뽑아 실안개 뿌린다

흰머리 휘저어 대머리 되도록
가는허리 흔들어 뼈만 남도록
마른 잎 새 손 비벼 불붙도록
온몸 던져 피리 불어도

쏟아지는 꽃잠에 귀청 닫고
불 꺼진 들창 커튼 내린 채
하늘 가득 수놓는 하얀 잔별들
홑이불 되어 가을을 덮는다

화려한 외출

귓불 따뜻해 윗도리 걸치지 않고
영상 맴돌아 문 열어젖히고
하품하며 입 벌리며 눈 비벼도
누가 오실까 눈길 바쁘다

동트는 새 아침 물안개 걷히니
창문 들추며 눈초리 빛나고
녹슬은 서릿발 무릎을 꿇으니
메마른 입술 립스틱 칠한다

꽃잠 설쳐도 분홍팬티 걸치고
영하 17도 은장도 면도날 되어서
다물지 못하는 입술 장미꽃 번져도
변할 줄 모르는 요염한 눈꼬리

만경강 두루미

부리 끝 이슬비 눈물 되는 이른 새벽
비 젖는 깃털조차 등짐 되어가는
만경강 두루미 한 마리

찌꺼기도 남지 않은 텅 빈 뱃속
어제저녁 간식거리 우렁이 한 마리
긴 밤 지새우는 화롯불 되었고

새벽부터 낚싯대 늘어뜨리고
빗물 가려주는 우산도 없이
지칠 줄 모르는 실비와 씨름하고 있다

힘들고 저려오는 다리 하나는
낙숫물 떨어지는 날개 밑 휴가 보내고
남은 외발 하나로 파수꾼 되는데

졸아드는 가게 빚 외상값처럼
풍년 되어가는 안개비

학림사 보리밭

언덕에 오르면
눈 안에 가득 학림사 누런 보리밭
주린 뱃속 침 넘어갔고

목탁 소리 담 넘어오는 고래 등 기와집
생쥐가 횃불 든 곳간에 쌀가마
거미줄 치고 참선 중인데

황금 옷 갈아입고
방앗간 기웃거리는 흐드러진 보리밭
갈기 흩날리는 경주마였다

눈뜨면 날개 돋는 독 안의 곡식
밑바닥 헤매는 낟알 긁는 바가지 소리
새가슴 할퀴며 새벽잠 깨웠다
시래기죽도 못 먹은 우리 보리밭
걷지 못하고 밭고랑 주저앉아
고개 들지 못한 채 네발로 기었다

사월의 신부

어제까지 눈웃음 여리던 소녀가
꽃무늬 나비 양산을 흔들며
연분홍 드레스 눈부시게 생글거렸고
눈 부신 햇살과 눈싸움 즐기느라 하루해가 빨랐다

투정 부릴 줄 모르는 꽃샘추위는
잔칫날 오히려 다정한 친구가 되었지만
꽃단장 면사포 잠자리처럼 걸쳤는데
막차 타고 날아온 메마른 단비는
이삼일 머리털 빗질하는 악동이었다

나폴나폴 꽃비는 주룩주룩 울음보 되었고
하룻밤 사이에 막내딸 시집보낸 친정어머니
초로의 60대 여인 되어서
살만 남은 우산 하나 붙들고 실비와 씨름하고 있다

사랑과 언어를 통하여 존재의 집을 짓다

김 전
(시인, 문학평론가)

Ⅰ. 프롤로그

베이비박스 희망을 싣고 제5집 출간됨을 축하합니다. 죽어가는 생명을 살리는 일은 그 어떤 일보다 소중한 일입니다. 그간 베이비박스문인협회에서는 글로서 거룩한 일을 실천하고 있습니다. 베이비박스는 주사랑공동체 이종락 목사님의 거룩한 사역입니다. 이를 간과하지 않은 한국베이비박스문인협회는 문인으로서의 소중한 삶의 본보기가 되고 있습니다. 베이비박스에 안에 들어온 생명은 날이 갈수록 많아지고 있다고 합니다. 정부에서도 적극적인 관심으로 이를 지원해야 한다고 봅니다. 인구 절벽 시대에서 이 일의 중요성은 재론할 여지가 없습니다. 여기에 참여하고 있는 시인들은 사랑을 듬뿍 담은 작품으로 세상을 밝히고 있습니다. 해마다 좋은 작품으로 독자들에게 잔잔한 울림으로 다가오고 있습니다. 특별히 금년에는 농익은 작품들이 선을 보이고 있어 독자들의 눈길을 끌고 있습니다. 작품 속에 녹아 있는 사랑은 영롱한 불빛으로 빛나고 있습니다.

II. 서정으로 쌓아 올린 영혼의 메시지

오늘날 소통되지 않는 작품들이 많이 창작되고 있다. 이런 작품은 독자들로부터 외면당하기 일쑤다. 또 한편에선 서정시로 짧게 쓰는 극서정시가 선을 보이고 있다. 이런 극서정시는 인간의 감정을 표출하여 감동을 주고 울림을 줄 수 있다. 좋은 작품이 되기 위해서는 적어도 감동을 주거나, 깨달음을 주거나, 충격을 주거나, 잔잔한 울림을 주거나 하여야 한다. 독창적인 묘사와 감각적 묘사로 시적 미감을 높일 수 있는 작품은 오래 간다. 이미지화시키거나 낯설기 기법으로 독자들에게 생각할 여백을 주는 작품은 금상첨화라 할만하다. 여기 18명의 회원들의 작품은 나름대로 독창성과 개성적인 모습으로 수를 놓고 있다.

서정으로 쌓아 올린 영혼의 메시지를 전하고 있는 18명 시인의 목소리를 들어보자.

서점에 가서 시제를 보듯 겉표지를 훑는데
오래전부터 팔리지 않던 시집 한 권을 사고
은유의 정석이란 책을 집었다

시인과 활자들이 대화를 하면 물이 흐른다

생성하는 모든 것 내가 가진 오감으론 부족한 은유의 세계
몇 날을 길 위에 신음을 하고 한 줄 비유를 썼다

시시하던 생이 무언가를 적으면 앓듯이 저문 이력
누군가가 써왔던 은유의 나무를 쓰러트리고
파지로 팔아버린 정석의 은유들 결코 시시하지 않았다던 생들

한 달 두 편을 쓴다는 것도 많다던 내 사사로운 흔적들
크라스로 마신 취기 같은 독백들
부끄러움은 내 이력이 아닌 처절함이 없는 찢은 종이가 없는 가벼운
모독감을 뒤집어쓰고 몇 날을 버터야 한 줄 시어를 찾을까

스스로 약속을 파기한 주말 낙인찍힌 상처가 아프다
갇힌 틀 속에 비가 내리고 몇 페이지 읽은 시집을 접고
가식의 내 글들을 지운다
처참함과 처절함이 대차를 그은 하루
날 은유하지 못하는데 이 무슨 생뚱맞은 글인가

— 김동광, 「월광」 전문

시 창작의 어려움을 말하고 있다. 비유법에는 직유법과 은유법이 있다. 은유가 차원 높은 비유이다. 시 창작에서 은유의 방법을 찾기 위한 어려움을 말하고 있다. 시는 함축적이고 은유적이어야 한다. 직설적으로 쏟아내는 시를 보노라면 모래를 씹는 기분이다. 이 작품은 은유적 표현으로 독자들에게 생각할 여유를 주고 있다. 시는 수수께끼다. 수수께끼를 풀 듯 시어를 찾아가는 작품이야말로 좋은 작품이다. 이 작

품에서 많은 부분이 낯설기 기법으로 시적미감을 높이고 있다. '시인과 활자들이 대화를 하면 물이 흐른다', '스스로 약속을 파기한 주말 낙인찍힌 상처가 아프다' 이 부분에서 공감각적 묘사로 시의 멋과 맛을 나타내고 있다. 농익은 시의 모습이다. 시를 창작하면서 자신을 반추하고 있는 작품이다. 시인은 끊임없이 자신을 채찍질하면서 담금질해야 한다.

사랑으로 수놓은 작품을 살펴보자.

가지고 싶은 것을 눈치라도 채는 날엔
그저 내 손에 꼭 쥐여주고 싶다 합니다
신이 나서 아이처럼 좋아하는 그 모습이 좋아서

힘이 겨워 지친 날 이면
그저 말없이 꼭 안아주고 싶다 합니다
안쓰러워하는 그 마음이 애틋해서

찬 바람이라도 부는 날이면 감기 걸릴까
걱정부터 앞서 당부를 한다 합니다
당신 몸보다 내 몸이 소중하다면서

당신보다 더 귀한 사람이
사랑하는 나이기 때문이라 합니다
당신보다 더 아껴야 하는 사람이
사랑하는 나이기 때문이라 합니다
그러하답니다
사랑하기 때문에

— 김장미, 「남편 나무」 전문

이 글에서는 메시지 전달이 매끄럽다. 4연으로 되어 있는 사랑 시다. 남편에게 이런 사랑을 받는다면 행복한 사람이다. 갖고 싶은 것을 미리 알아서 쥐어주고 거친 날에는 안아주고, 감기 걸릴까 미리 당부하고, 모든 것을 나보다는 당신을 위하여 모든 것을 바치겠다는 남편 나무는 믿음직스럽다. 진솔한 심정으로 쓰인 이 시는 독자들에게 공감을 불러올 수 있다. 남의 행복이 나의 행복으로 전이되기 때문이다. 사랑은 모든 시에서 가장 많이 나타납니다. 이 시에서도 화자의 따뜻한 사랑이 느껴진다.

또 다른 사랑 시를 만나보자.

회색 하늘 아래를 걷는다
울음을 터트릴듯한 구름떼 흐른다

비 오는 날이면
더 짙어지는 흘러간 기억들
아침부터 비 노래를
자꾸만 흥얼거린다

잔잔한 빗소리같은 사람
은은한 커피향같은사람
따스한 노래 불러줄 사람
나란히 우산 쓰고 걸을 사람

비 오는 오늘
그런 사람이 그립다

그 사람이 보고싶다

— 김정오, 「비 그리움」 전문

이 작품은 묘사와 느낌으로 이루어져 있다 1연과 2연에서는 배경 묘사 3연 4연에서는 화자의 느낌으로 구성되어 있다. 한편의 그림을 보는 것 같다. 이미지화가 잘 된 작품이다. 3연에서는 청각적, 후각적, 역동적 감각으로 묘사하였다. 이런 감각적 묘사는 시의 선명성을 나타낸다. 이 작품은 읽으면 잔잔한 감동이 다가온다. 비 오는 날의 그리움은 독자들에게 공감을 준다. 비 오는 창밖을 바라보고 있으면 문득 그리움이 다가올 것이다. 낭만이 흘러내리는 작품으로 호소력이 있다.

다음 작품은 도전적인 작품으로 개성적인 글이다.

쉬이 물들지 말자
독야청청할 수 없어 물들지언정
동색으로 묻히 듯 물들지 말자

곱게 고르게 물들지 말자
아파 멍들고 다쳐 생채기 나고
얼룩덜룩 아롱지게 물들어 가자

— 도현미, 「낙엽이 단풍에게」 전문

이 작품은 상당히 도전적이다. 꿋꿋한 선비정신을 생각하게 만드는 작품이다. 단풍은 자신으로 환치된다. 쉽게 시류에 흔들리지 말고 자신의 정체성을 지킬 수 있는 사람으로 남고 싶다는 의지가 담겨져 있다. 마지막 연 '아파 멍들고 다쳐 생채기 나고/ 얼룩덜룩 아롱지게 물들어가자' 여기에서 치열한 시 정신을 엿볼 수 있다. 시인이 가져야 할 태도가 바로 이런 자세가 아닐까? 이 작품은 오랫동안 가슴에 각인으로 남으리라 생각된다. 호흡이 짧은 이런 작품이 극서정시에 해당된다고 본다.

다음은 동화 같은 작품을 감상하자.

구름이 석양을 그리면
빛을 잉태한 푸른 하늘은
어둠을 찾아 별을 낳는다

밤 하늘 닿는 산골 들마루에 누워
나이 든 소녀는 졸음마저 잊었다

별 이름을 짓다 지쳐 잠이 들면
긴 꼬리 유성은 소망을 담아
열세 살 가슴속을 떠다닌다

어둠, 그 속의 나의 별
단지, 의미 없는 하나의 점일 뿐

안아 줄 수 없는
손잡을 수 없는 의미는
별도 꽃도 사랑도 아닌 것을

아침 햇살에 빛을 잃고
구름에 숨어 어둠으로 떠나는
비겁함은 영원이 아니다

찬란한 무지개로 돌아오라
밝은 태양으로 그림자를 지우라
나 볼 수 없는 그곳에서

그의 의미는
별을 찾던 보헤미안의 안식처와
별을 빛나게 하는 어둠이라네
나의 의미는
그저, 그 속을 떠날 수 없음이니

— 문문자, 「별 의미」 전문

동화 같은 작품이다. 자연의 섭리에 의미를 부여하였다. 어둠과 별을 빛나게 하는 것은 어둠이다. 역설법이다. 별은 어두워야 빛을 발할 수 있기 때문이다. '밤하늘 닿는 산골 들마루에 누워 있노라면 긴 꼬리 유성은 소망을 담아 열세 살 가슴속을 떠다닌다.' 감각적인 묘사이다. 이미지화가 잘 되어 한편의 그림을 보는 것 같다. 이 작품에서 구름, 석양, 별, 태양, 그림자, 무지개를 동원하여 신비감을 주기도 한다. 깔끔하고 아름다운 자연의 모습을 시각적으로 잘 묘사하여 시적 성공을 거두고 있다

노을이 붉게 물든 임경대로 가보자.

해 질 녘
임경대 가는 길에
땅속에서
일곱 번의 옥고를 겪어내고
나무에 오른 매미가
세상에 다녀 간 흔적 남기려
쉼 없이 구애하는 소리가 들렸다

숲속을 지나
길이 멈춘 임경대 앞에는
끝없이 이어질 듯하던 폭염이
끈적끈적한 바람 사이로 불어와
붉은 노을로 서쪽하늘을 물들이고
유유자적 흐르는 강을
펄펄 끓어오르게 한다

— 서수정, 「임경대 노을」 전문

임경대는 경남 양산시 원동면 화재리에 있으며 낙동강 서쪽 절벽 위에 있다. 벽면에는 최치원의 시가 새겨져 있으나 오래되어 알아볼 수 없다. 오봉산 제1봉의 7부 능선에 있는 바위봉우리로 낙동강과 건너편의 수려한 산천이 있다.

이 작품은 선경 후정으로 이루어져 있으며, 1연에서 매미의 생애를 통하여 인간의 삶을 생각하게 한다. 매미는 7년 동안 땅속에 있다가 지상으로 올라와 7일에서 30일간 살다가 떠나게 된다. 마지막 사랑을 통하여 종족을 번식하기 위한 울음소리가 애처롭게 들린다.

임경대에서 '폭염'과 '끈적끈적한 바람', '붉은 노을',

'강물'을 나타내어 자연의 아름다움을 묘사하였다. 구애하는 매미 울음소리와 펄펄 끓어 오르는 강물은 조화를 이루면서. 진득한 사랑의 모습을 극적으로 승화시키는 구실을 하고 있다.

자연의 아름다움을 묘사한 작품 속에 들어가 보자.

산자락 휘감은 듯
가을을 담은 거울
붉은색 산등성이
발목을 적시면서
하늘도 구름을 타고
내려오는 무지개

짙푸른 바람 따라
달빛도 내려오면
비로소 하나 되어
내 안에 뜨는 신앙
화등을 붉히는 자리
출렁이듯 꽃 핀다

— 선지현, 「호수」 전문

이글은 두수의 연시조이다. 시조는 정형시이다. 앞으로 시조는 우리나라 민족시로서 각광받으리라 본다. 첫째 호흡이 짧기 때문에 시대에 부응할 수 있는 장르가 될 것이다. 극서정시를 부르짖는 오늘날은 바로 시조가 제격이다. 시조는 율격을 생명으로 한다. 율격과 내용이 조화를 이루면서 자연스럽게 시적으로 승화시켜야 한다. 호수를 보면서 이미지화하는 데 성공한 작품이다. 호수를 보면 산 위에 있는 것과 하늘과 바람 달빛 등이 거울처럼 보인다. 모든 것이 하나로 호수에 얼굴을 나타낸다. 이들이 모여서 꽃 피는 동네를 만든다는 내용이다.

자연의 아름다움을 시조로 묘사한 서정시이다.

삭막한 세상 속에서 사랑의 생명줄을 드리운 베이비박스를 살펴보자.

쇳덩이의 싸늘한 품은
구멍 난 모성에 찾아들고
잃어버린 탯줄은
쓰레기통에 처박혀도
꿈을 꾸듯
아이는 웃는다

화장실 바닥에 뒹구는 모성
이불에 쌓여
철장에 버려지고
쓰레기통에 버려진 모성은
눈물 없는 죄책감 대신
'그래도…' 라는
합리성을 쇳덩이 박스에 봉인한다

베이비박스에서
다시 태어난 여린 생명 하나
어미의 젖가슴 대신

싸늘히 식은 우유병에 허기를 달래고
버려진 어미의 향기에
어미를 꿈꾸며
환하게 웃는다

베이비박스에
천사의 미소가 가득하다

— 손장순, 「천사의 미소」 전문

이 작품은 한 생명이 베이비박스로 오기까지의 과정을 그리고 있다. 순수한 어린 생병을 소중히 여기지 못하는 철부지 함이 잘 드러나 있다. 사랑이 없는 우유병에 허기를 달래고 있는 처절한 환경 속에 어머니를 꿈꾸는 아기의 모습이 눈에 선하게 나타난다. 아무것도 모르는 아이의 모습에서 천사의 미소를 발견한다. 세상은 선택 속에서 모든 것이 이루어진다. 잘못된 선택으로 태어난 이 아이들 어찌할 것인가! 베이비박스는 생명줄이다. 어린 생명에게는 사막의 오아시스가 아니겠는가? 베이비박스는 사막 같은 세상에서 오아시스 같은 사랑이 넘치는 곳이다. 이곳에 베이비박스 문인들의 실천적인 사랑이 있다.

허망한 세상 속에서 삶을 반추하는 작품을 엿보자.

무얼 낚겠다고 푸르른 강물에 뛰어들었나
손에 잡힌 건 흐르다 멈춰버린 구름인 것을
힘껏 움켜쥐니 사르르 부서져 사라지는 것을

허우적대는 내 꼴을
백로는 비웃기라도 하듯이
우두커니 서서 움직일 줄 모르는구나

한참을 멍하니 바라보니
구름은 아무 일 없듯이 물 위를 흐르는데
그걸 잡겠다 허우적대던 내 모습 떠올라
헛웃음이 나는구나

끈기 있게 기다리던 백로는 미꾸라지 물고
멀리 날아가 버리고
뜬구름 잡으려는 난 무엇을 낚았는가?

그냥 유유히 흐르는 삶이 좋은 것을
세월 탓만 했구나

내 손에 있어야 내 것인 줄 알았던
내가 부끄러워지는구려
내 눈에 내 귀에 담는 것도 내 것인 것을
이제야 알았으니
저 하늘에 흐르는 구름도 이제는 내 것이지
그냥 유유히 흐르는 세월도 참 좋다

— 신현각, 「무엇을 쥐었는가?」 전문

신현각의 작품은 철학적이다. 깊은 사유에서 우러나온 작품이다. 우리들은 허망한 욕망을 위하여 얼마나 달려왔던가? 구름은 잡히지 않는 허상이다. 허상을 쫓으면서 살아온 우리들의 자화상을 그리고 있다. 이 세상에 내 것은 아무것도 없다. 유유히 흐르는 강물 따라 거저 흘러갈 뿐이다. 긍정적인 삶과 감사한 마음으로 살아가는 것이 올바른 삶이다. 이 작품은 우리 모두에게 깨달음을 주는 작품이다.

품 안에 있을 때는
그리운지 몰랐었고

짝을 만나 떠나보니
문득문득 그립다가

내 자식
돌보느라고
가득했던 소홀함

수시로 뵙지 못해
죄송함이 가득한데

마음만 앞세우다
저 멀리 떠나시니

불효를
어이하리오
후회만이 가득하네

그리워 불러보나
가신 임 대답 없고

눈물로 후회하나
지난 세월 오지 않네

공허한
웃음소리만
바람결에 나부껴

— 우현식, 「불효」 전문

시조는 정형시이다. 3장 6구 12음보로 이루어진 율격의 문학이다. 70여 년의 역사를 간직한 우리나라의 고유문학이다. 시조는 형식이라는 그릇에 내용이 자연스럽게 담겨져야 한다.

우현식의 '불효'는 정격시조로서 내용을 잘 담아내고 있다. 부모님 살아계실 적에 효도하지 못하고 돌아가시고 나서야 후회를 하게 된다. 내가 자식을 키워봐야 부모 생각을 하게 된다.

3수로 된 연시조로서 첫째 수에서는 부모에 대한 소홀함을 제시하였고, 둘째 수에서는 부모님의 죽음으로 인한 불효를 후회하는 모습이다. 셋째 수에서는 부모에 대한 그리움을 잘 나타내었다. 누구에게나 공감을 주는 작품이며 교훈적인 작품이다.

빛나는 별 하나
심장에 품은 당신이
넘어야 할 통증이죠

발바닥에 모아지는
단단한 에너지는
푸르게 날아오르는
별빛 아다지오

육체는 유연해지고
딱딱한 공기의 응결이
바람처럼 부드러워지면
등을 곧게 펴고 가슴으로
호흡할 수 있는 시간이에요

온몸을 휘감는 거대한 중력이
깃털처럼 가벼워지기 시작하고

시야를 가리던 먹구름의 정체는
태양 그림자 속으로 숨어버려요

그늘에 드리워진 통증의 향연
넘어지고 무릎이 부서져도

결코, 멈출 수 없는

— 윤봉덕, 「허들」 전문

윤봉덕의 작품은 은유적이다. 우리의 삶을 허들로 제시하였다. 삶이란 허들을 넘는 것과 무엇이 다르겠는가? 정신을 모으고 발바닥에 힘을 주면서 살아가는 우리들의 모습이 잘 나타나 있다. '그늘에 드리워진 통증의 향연'은 역설법으로 많은 것을 생각하게 한다. 아픔 속에도 희망이 있고, 결코 좌절하지 않고 희망으로 돋아나는 기쁨을 제시하고 있다. 우리들이 살아가는 장애물이 있더라도 멈추지 않고 앞으로 나아가야 한다. 시적 화자의 희망적인 자세가 단단하게 보인다. 윤봉덕의 다른 작품들 '모서리' 등에서도 은유적이며 깊이가 있다.

시를 은유적으로 묘사하고 감각적 이미지를 구사하는 능력이 탁월해 보인다.

얽매인 삶에서 자유를 찾아가는 이미선의 작품을 감상해 보자.

화나면 화나는 데로
금방 집어삼킬 듯
기분 좋으면 잠잠히
조용히 고요하다

가지고 있기 싫은 게 있으면
모래사장에 내던지고
다시 갖고 싶어지면
화난척하며 갖고 가버린다

요 녀석 가만히 보고 있자니
세상 무서울 게 하나 없는
오묘한 녀석이다

속에 담아 놓고
참고 있을 일은 없으니
파도는 화병 걸릴 일은 없어서 좋을듯싶다

— 이미선, 「파도」 전문

시는 작가의 정서를 표출하는 데 있다. 파도를 매개물로 하여 작가 자신의 목소리를 내어야 한다. 이 작품은 자유분

방함을 나타내고 있다. 얽매인 사회에서 자유를 찾아 나서고 싶은 욕망을 제시하고 있다. 4연으로 이루어진 서정시이다. 1연에서는 화나면 화나는 대로 기분 좋으면 좋은 대로의 모습, 2연에서는 소유하고 싶으면 갖고, 버리고 싶으면 버릴 수 있는 자유로움, 3연에서는 세상에 무서울 것이 없는 존재임을 제시하였고, 4연에서는 파도는 속에 담아놓지 않으니 화병 걸릴 일이 없다. 자유롭게 살아가고 싶어 하는 민초들의 욕망을 잘 그리고 있다. 파도를 대조법과 대구법으로 나타내었을 뿐 아니라 힘이 넘치는 작품이다.

치열한 삶의 모습을 묘사한 이원구의 작품을 살펴보자.

뜨겁게 살아왔던
화려한 금빛 얼굴

거친 삶 이겨내고
인생을 끓이면서

구멍 난
냄비 밖으로
붉은 눈물 흘렸지

— 이원구, 「양은 냄비」 전문

단수로 나타낸 정형시이다. 시조의 본령은 이와 같은 단시조이다. 이 작품은 양은 냄비를 나타내었지만 삶의 모습을 반영하였다. 초장 중장에서 치열하게 살아왔던 삶의 모습을 잘 나타내었다. 종장에서 구멍 난 삶에서 얼마나 울었던가?3장의 시조에서 많은 것을 함축하고 있다. 시조는 절제와 응축이 생명이다. 정격시조로서 시의 멋과 맛을 극대화시켜 놓았다. 시조의 맥을 잘 짚은 작품이라고 보여진다.

아들에게 희망을 주는 작품을 살펴보자.

청춘의 붉은 깃발은
거센 바람을 만나
심하게 휘청거릴지라도
불타는 가슴은
쓰러지거나 꺾이는 일은 없으니

지금의 먹구름은
내일의 밝은 태양이고
지금의 비바람은
내일의 훈훈한 바람이다

일 년이라는 세월
이 년이라는 세월
그 아픔은 성장의 동력이 되어
큰 사람이 될 것이라 믿는다

아들아~
불타는 청춘의 시간은
늙어가는 아비의 시간과 같고
더 늙은 할아버지의 시간과도 같으니
조급함은 버려두는 것이 좋다

슬기로운 한 수
진정한 승리를 위해 싸운다면
기석(棋石)을 어디에 둬야 하는지 알 것이며
먼 훗날 돌아보며 웃을 것이다

— 장봉균, 「아들아, 청춘은 희망이다」 전문

아들에게 교훈을 주는 작품이다. 오늘날 청년들에게 고하는 글이라 봐도 무방하다. 시련과 고난을 이겨내고 꿋꿋하게 살아가자는 격려의 글이다. 5연으로 이루어진 작품이다. 글의 구성을 보면 1연 시련 극복, 2연 시련은 희망을 준다. 3연 시련은 성장의 동력, 4연 조급함을 버리자. 5연 신중한 선택으로 승리를 거두자로 되어 있다. '깃발' '바람' '먹구름' '태양' '비바람' '훈훈한 바람' '기석(棋石)' 등은 은유적인 표현이다. 또한 대구와 대조를 통하여 시의 이미지를 선명하게 묘사하였다. 단단한 구조로 시의 집을 지었다고 볼 수 있다.

야위어가는
가을을 긁어대는 하루
비릿한 사연들이
꼼지락꼼지락 꿈틀거린다
지친 날들을 토하듯
쥐어짜며 내뱉는 소리는
깃 세운 꽃잎 마냥
들판 위엔 추억을 각인시키고
너울 이는 물결 속에서
한 평생 춤을 추다 끌려 나와
소금에 절인 고등어처럼

간 배인 소망이 책장에 쌓여간다
노을이 아쉬움을 남길 적
가슴 뛰는 그대들
흑심 품은 가슴
꿈 박힌 촘촘한 하늘
산돌림 눈물을 흘리는 밤
바람난 길손이 되어
시인은 겨르로이 에움길을 나선다

— 장선호, 「시인」 전문

시는 이미지와 정서의 전달이라는 측면에서 이 작품은 여기에 부합될 뿐 아니라 감각적 묘사로 시의 옷을 입히고 있다. 시적미감을 높이기 위해서는 감각적 묘사가 필수적이다. 여기에서는 역동적 감각, 시각적 감각, 청각적 감각, 기관적 감각, 등 다양한 감각으로 나타내어 이미지가 선명하다. 시인은 시를 낳기 위해 고통을 견뎌내야 한다. 또 시인은 많은 것을 생각해야 한다. 생각은 온 가을을 넘나들지만 소금에 절인 고등어처럼 소망으로 남는다. 노을은 모든 것을 안고 가버린다. 그러나 시인의 가슴에는 또다시 많은 자연과 함께 역동적으로 끓어오르는 시심을 주체하지 못한다. 풍성한 가을에 시인은 영혼을 말리면서 한 줄의 시를 남기기 위해 전력투구하는 영상이 떠오른다. 우리들은 망각 속에 살아가고 있다.

망각의 늪에서 우리가 찾아야 할 별빛 같은 보석이 있으리니 아래 작품에서 찾아보자.

까맣게 변한 기억의 골짜기에서
잊혀진 것들 서멀서멀 떠내려 올 때면
첫눈 펑펑 내리는 날 뒷동산에 올라
그 속 파헤치고 꺼내어 보자

순백한 마음속에 숨겨진
나름의 그 무엇들 있으리니
오랫동안 묵히고 썩힌 것들
따지고 보면 모두 다
부끄럽고 미안한 것들뿐인걸

늘상 티격태격했던
행복도 불행도 아닌 모호한
잡풀 같은 일상들 속에서
사실은 가시덤불로 우거진 삶일 것인데
하얀 눈 베개 삼아 비스듬히 누워보자

훌쩍 지나간 나이테 세면서
그 사이사이 틈새에 끼인 것들
비록 잊혀진들 버리진 말아야 할 것들
수두룩 하리니

— 정범식, 「잊혀진 것들」 전문

이 작품은 깊은 사유 속에서 이루어진 작품이다. 우리가 살아가면서 지난 일들은 망각의 늪으로 떠나보내고 까맣게 잊고 살아간다. 그러나 잊혀진 일들 중에 잊어버리지 말아야 할 일들이 얼마나 많은가? 우리들의 삶을 되돌아보게 하는 글이다. 낯설기 기법으로 시적 극대화를 이루고 있다.

'기억의 골짜기' '잡풀 같은 일상들 속에서' '가시덤불로 우거진 삶' '하얀 눈 베개 삼아 비스듬히 누워보자' 등으로 나타난다. '서멀서멀' '티격태격' 등 의태어를 통하여 시적 이미지를 구체화 시켜놓았다. 정범식의 '회상' 이라는 작품도 메시지와 이미지의 전달이 조화롭게 이루어져 울림을 주는 작품이다.

다음은 비유를 통해 이별의 정서를 나타낸 작품이 있다.

하얀 목련이 피어나고
노란 개나리가 군단을 이루어 필 때
하늘은 회색빛으로 어두워졌다

햇살 한 점 비추어지지 않고
금방이라도 빗방울이 떨어지려 할 때
똑똑 떨어지는 물방울

눈가에 맺힌 물방울은 그칠 줄 모르고
가느다란 속눈썹은 부스스 떨린다
꼭 깨문 입술은 피멍울이 지고
멍울진 가슴은 터질 듯이 방방 거린다

화사한 벚꽃이 꽃봉오리 질 때
온통 세상은 분홍빛으로 물들어지는데
내 사랑은 무지개다리를 건넜다

— 정이란, 「무지개다리를 건넜다」 전문

시는 정서의 전달이라는 측면에서 훌륭한 작품이다. 이 시는 분위기의 통일성을 이루고 있다. 1연에서 목련이 피어나도 하늘은 회색빛으로 어두워지고, 2연에서 물방울이 뚝뚝 떨어지고, 3연에서 속눈썹이 떨리고 입술은 피멍울이 지고, 4연에서 벚꽃이 꽃봉오리 질 때 내 사랑이 떠나갔다. '시는 이미지라고' 한다. 그만큼 이미지의 중요성을 말하는 것이다. 이미지는 마음속의 언어로 그리는 그림이다. 그래서 심상이라고도 한다. 단단한 조각같이 만질 수 있을 정도로 나타내야 한다고 주장하는 사람도 있다. 이 작품은 시각적 이미지로 풍경화를 그리고 있다. 적절한 은유적 묘사로 시적 형상화에 성공하고 있는 작품이다. 정이란의 작품 「당신이었군요」도 상당히 농익은 작품으로 독자들에게 울림을 줄 수 있는 작품이라고 생각한다.

가난을 추억으로 승화시킨 최정호의 작품도 은유와 창조적 상징으로 묘사하였다.

언덕에 오르면
눈 안에 가득 학림사 누런 보리밭
주린 뱃속 침 넘어갔고

목탁소리 담 넘어오는 고래등 기와집
생쥐가 횃불 든 곳간에 쌀가마
거미줄 치고 참선 중인데

황금 옷 갈아입고
방앗간 기웃거리는 흐드러진 보리밭
갈기 흩날리는 경주마였다

눈뜨면 날개 돋는 독 안의 곡식
밑바닥 헤매는 낱알 긁는 바가지 소리
새가슴 할퀴며 새벽잠 깨웠다

시래기죽도 못 먹은 우리 보리밭
걷지 못하고 밭고랑 주저앉아
고개 들지 못한 채 네발로 기었다

— 최정호, 「학림사 보리밭」 전문

보릿고개를 넘던 모습이 떠오른다. 학림사에는 많은 곡식이 쌓여있는데 서민들은 시래기죽도 먹기 어렵던 시절을 회상한 작품이다. 많은 작가들은 지나간 추억을 되살려서 작품을 생산하기도 한다. 동시대의 사람들은 공감이 가지만 젊은이에게[는 생소하기만 하다고 한다. 이 작품에서는 은유적인 묘사가 있어 독자가 수수께끼를 풀어야 한다. '생쥐가 참선중이다' 바람에 흩날리는 보습을 보고 '갈기 흩날리는 경주마였다' ' 눈뜨면 날개 돋는 독 안의 곡식' 등은 재미 있는 묘사이다. 독창적인 묘사로 시의 미감을 북돋우고 있다. 독자들에게 생각의 나래를 펴게 하는 이런 작품이 훌륭한 작품이라고 말하고 싶다.

Ⅲ. 에필로그

한국베이비박스문인협회는 금년에 제5집을 낸다. 해마다

작품의 수준이 높아지고 있는 것은 바람직한 일이다. 작품들이 다양한 목소리로 잔잔한 울림을 주고 있다. 작가는 작품으로 말한다. '작품만큼 대접받는다.'는 엄연한 현실 앞에서 최선을 다하길 바란다. 좋은 작품이란 어떤 작품을 말하는가를 생각해 볼 필요가 있다. 제5집에 발표된 작품들은 좋은 작품들이 많았으며 그것을 열거하면 다음과 같다. 첫째 소통되는 작품, 둘째 감동과 공감, 떨림, 울림, 충격 등을 주는 작품, 셋째 감각적 이미지가 있는 작품, 넷째 은유적인 작품, 다섯째 낯설기 기법을 통하여 시적인 매력을 주는 작품, 여섯째 짧지만 긴장과 응축미가 있는 작품. 이러한 요소가 많아질수록 좋은 작품이다.

하이데거가 말했듯이 '시인은 언어를 통하여 존재의 집을 짓는다고' 했다. 사물이 잠들고 있을 때 이것을 깨우고 눈을 뜨게 하는 것이 시인이다. 언어를 통해 사물의 존재 가치를 높여 주는 사람이 바로 시인이다. 한국베이비박스문인협회 회원들은 사랑을 실천하는 시인이다. 이들은 따스한 눈으로 세상을 바라보고 있기 때문이다. 사랑과 언어를 통하여 존재의 집을 지어가는 회원들에게 큰 박수를 보낸다. 정부에서도 복지국가를 지향하는 이때, 베이비박스에 던져지는 아이들에게 도움의 손길이 부족하지 않았는지 생각해 보기 바란다. 한국베이비박스문인협회를 이끌고 있는 장선호 회장님과 회원들의 무궁한 건필을 바라면서 『베이비박스에 희망을 싣고』 제5집 출간을 진심으로 축하한다.

베이비박스에 희망을 싣고 -제5집-

한국베이비박스문인협회

인쇄 1판 1쇄 2018년 12월 10일
발행 1판 1쇄 2018년 12월 17일

지 은 이 : 한국베이비박스문인협회
펴 낸 이 : 김천우
펴 낸 곳 : 도서출판 천우
등 록 : 1992. 2. 15. 제1-1307호
주 소 : 서울시 성동구 무학봉28길 6 금용빌딩 2F
전 화 : 02)2298-7661
팩 스 : 02)2298-7665
http://moonhak.wla.or.kr
E-mail : chunwo@hanmail.net

값 15,000원

ISSN 978-89-7954-747-4